Viel Glück! Ver.3
ドイツ語でチャレンジ

Ryo Yamao

Sprachliche Beratung: Rita Briel

SANSHUSHA

音声ダウンロード＆ストリーミングサービス（無料）のご案内

https://www.sanshusha.co.jp/text/onsei/isbn/9784384123098

本書の音声データは、上記アドレスよりダウンロードおよびストリーミング再生ができます。ぜひご利用ください。

Download

Streaming

はじめに

　本書は，はじめてドイツ語を学ぶ人のための教科書です。グループ／パートナー練習を通じて，楽しみながらコミュニケーション能力を高め，初歩的な文法知識と語彙を身につけることを目標としています。

　さて，外国語を学ぶ際に必要なものは，なんでしょう？　継続して学ぶこと，予習や復習，何度も書いたり発音したりすること…などいろいろありますが，著者がもっとも大切にしてほしいと願っているのは，チャレンジしてみる勇気です。外国語科目は，講義のように座ったまま説明を聞いていたり，文法書をひたすら黙読さえすれば，かならずしも上達するものだとはいえません。むしろ無自覚に少しずつ体や脳が覚えていく体育のような実技科目に共通する点が多いのではないでしょうか。まずは自分で実践すること，つまりドイツ語を発音したり，聴いたりするなどのトレーニングが重要です。おおらかな気持ちでとりあえずやってみる，という勇気を大切にしてください。

　この教科書を作成するにあたり，無理なく学習者の根本的なコミュニケーション能力を向上できる構成になるよう気を配りました。コミュニケーション能力と会話のスキルは，みなさんの今後にかならず役に立ちます。好奇心を持ち，オープンなスタンスで，本書でドイツ語を学習してください。文法知識とはまた別の大切なことも学んでいただけるのでは，と願っています。　Viel Glück!（ご多幸を祈ります！）

1．本書は語彙の練習，聴き取り，簡単な文法の説明から始まり，その後グループやペア作業で実際にドイツ語を話して練習する，という流れになっています。各課の最後には作文の問題があります。作文を書いてみると，その間違え方から具体的に「自分がどこがわかっていないのか」がはっきりすると思います。頑張って取り組みましょう。

2．文法説明はなるべくシンプルに留めておきました。なるべく学習者主体の授業形成に役立つような教科書を目指しました。

3．クイズは教室内で，受講者と教える側の相互的コミュニケーションをとるための機会になれば幸いです。

　Ver. 3 では，文法事項の補足を巻末にまとめ，ドリル形式の問題や学習者のリスリング能力と語彙力の拡充を目的としたディクテーションの問題を切り取り式のワークシートにしました。学習者の皆さんは，ぜひ自宅での学習に役立ててください。また，先生方におかれましては小テストなどに活用していただけましたら幸いです。

目　　次

Das Alphabet

アルファベット

A a	*A a*	[a:]		Q q	*Q q*	[ku:]
B b	*B b*	[be:]		R r	*R r*	[ɛr]
C c	*C c*	[tse:]		S s	*S s*	[ɛs]
D d	*D d*	[de:]		T t	*T t*	[te:]
E e	*E e*	[e:]		U u	*U u*	[u:]
F f	*F f*	[ɛf]		V v	*V v*	[fau]
G g	*G g*	[ge:]		W w	*W w*	[ve:]
H h	*H h*	[ha:]		X x	*X x*	[ɪks]
I i	*I i*	[i:]		Y y	*Y y*	[ýpsilɔn]
J j	*J j*	[jɔt]		Z z	*Z z*	[tsɛt]
K k	*K k*	[ka:]				
L l	*L l*	[ɛl]		Ä ä	*Ä ä*	[ɛ:]
M m	*M m*	[ɛm]		Ö ö	*Ö ö*	[ø:]
N n	*N n*	[ɛn]		Ü ü	*Ü ü*	[y:]
O o	*O o*	[o:]				
P p	*P p*	[pe:]		ß	*ß*	[ɛs-tsɛ́t]

変母音
(Umlaut)

Aussprache

発音

●発音の規則を覚えましょう。
●口のまわりの筋肉の動きに気をつけながら練習しましょう。

1

☆ アクセントは第一音節です。（外来語は例外もあります）
☆ アクセントのある母音の後ろに子音がひとつ
　　　→ Vater　　母音を伸ばす
☆ アクセントのある母音の後ろに子音がふたつ以上
　　　→ Mutter　母音を短く

> 名詞は常に頭文字を
> 大文字で書きます！

☆ 同じ母音がふたつ続くと伸ばして発音します。
　　　→ Aal

母 音

a	[a] [aː]	Mann	男	Haar	髪
e	[ɛ] [eː]	Ende	終わり	Leben	生活
i	[ɪ] [iː]	bitte	どうぞ	Igel	ハリネズミ
o	[ɔ] [oː]	Onkel	伯父	Foto	写真
u	[ʊ] [uː]	Hund	犬	gut	良い
ä	([a] の口で [e])	Kälte	寒さ	Jäger	狩人
ö	([o] の口で [e])	Köln	ケルン（都市名）	Möbel	家具
ü	([u] の口で [i])	Glück	幸運	Übung	練習

　Übung 1　　　次の単語を読んでみましょう。
2

1) Tee　　　　紅茶
2) Kaffee　　　コーヒー
3) Gelände　　ゲレンデ
4) Röntgen　　レントゲン（人名）
5) Menü　　　定食

母音の連続 （二重母音など）

🔊 3

au	[aʊ]	Auge	目		Baum	木
ei	[aɪ]	Ei	卵		Arbeit	仕事
ie	[iː]	Bier	ビール		Spiel	遊び
eu / äu	[ɔy]	Euro	ユーロ		Häuser	家（複数）

> 二重母音は
> しっかり覚え
> ましょう！

🔊 4 **Übung 2**　　次の単語を読んでみましょう。

1) Haus 家　　2) nein いいえ　　3) Liebe 愛　　4) Gebäude 建物

子 音

🔊 5

-b [p], -d [t], -g [k]		gelb	黄色の		Land	陸		Tag	日
-ig	[ɪç]	König	王様		Honig	はちみつ			
j	[j]	ja	はい		Juni	六月			
v	[f]	viel	たくさんの		Volk	国民			
w	[v]	Welt	世界		Wagen	車			
z	[ts]	Zoo	動物園		Zeit	時間			
ß	[s]	Straße	道		Fußball	サッカー			

注意の必要な子音の組み合わせ

> ß は小文字しかありません。
> （ß から始まる単語はない。）

🔊 6 母音＋h（前の母音を伸ばして h は読まない）

		Bahn	鉄道		Ruhe	休息
s ＋母音	[z]	September	9月		Sofa	ソファー
ch		（a の後ろ, o の後ろ, u の後ろ）				
		Bach	小川		hoch	高い
		Buch	本			
	（それ以外）	ich	わたし		Milch	牛乳
sch	[ʃ]	Schule	学校		Schweiz	スイス
tsch	[tʃ]	tschüs	バイバイ		Deutschland	ドイツ
sp-, st-	[ʃp] [ʃt]	Sport	スポーツ		Student	学生
ds, ts, tz	[ts]	abends	晩に		Platz	広場

> ch は前にある
> 母音によって
> 音が変わります。

🔊 7 **Übung 3**　　次の単語を読んでみましょう。

| Januar | Februar | März | April | Mai | Juni |
| Juli | August | September | Oktober | November | Dezember |

Hallo!

a. _____

b. _____

c. _____

d. _____

e. _____

f. _____

1

♪) 8

1) 上の絵に合うあいさつを下から選び，上の下線部に書きましょう。

Guten Tag!　　　　　Guten Morgen!　　　　　Guten Abend!

Tschüs!　　　　　Auf Wiedersehen!　　　　　Gute Nacht!

♪) 9

2) 読み上げられたほうに ✓ を入れましょう。

a. ☐ Guten Morgen!　　☐ Guten Tag!

b. ☐ Gute Nacht!　　☐ Tschüs!

🔊
10

2 **Aussprache**

発音してみましょう。

0	1	2	3	4	5
null	eins	zwei	drei	vier	fünf

6	7	8	9	10
sechs	sieben	acht	neun	zehn

英語との違いなど，発音で気づいたことをメモにとってみましょう。

2-1 Partnerarbeit

電話番号を２つ考えましょう。書いた後，パートナーに読みあげましょう。

1) 090 -

2) 080 -

パートナーから聴き取った数字を書き取ってみましょう。

1)

2)

🔊
11

2-2 Hören

音声を聴いて，電話番号を書きましょう。

1)

2)

3 Wie ist Ihr Name?

英語に似ていますか？ 意味を連想しましょう。

1) Mein Name ist Lena.

....

> 発音を隣の人と一緒に
> 考えてみよう。また英
> 語との違いについて話
> し合ってみよう。

2) Wie ist Ihr Name? / Wie ist dein Name?

....

3) Ich komme aus Amerika.

> Ihr / dein = *your*

....

4) Ich bin Student. / Ich bin Studentin.

....

3-1 Grammatik

上の文から語順のパターンを見つけ出して，以下の単語を下線部に補いましょう。

疑問詞	動 詞	主 語

1) 平叙文 ＋ ....

2) 疑問詞を使った疑問文 ＋ ＋ ......?

3-2 Schreiben

今度はドイツ語で自分のことについて書き，パートナーと練習しましょう。

1) 名前

....

2) 出身

....

3) 職業

....

🔊 **4** **Befinden**
13

相手の体調を尋ねてみましょう。

du Wie geht's? 調子はどう？

   Wie geht es dir?

Sie Wie geht es Ihnen? 調子はどうですか？

> ドイツ語では2人称
> が2種類あります。
> 親しい相手：du
> 距離のある相手：Sie

Nicht so gut.

Gut, danke!

Super, danke!

Es geht.

Sehr gut, danke schön!

🔊 **4-1** Hören
14

🔊
15

音楽を聴きながらドイツ語で会話をしてみましょう。静かな音楽の時には Sie を使い，明るい音楽の時には du を使って相手を呼び，2人称の練習をしましょう。また聴き取ったことを次のページの表に書きこみましょう。

1) 挨拶

2) 名前を述べる／名前を尋ねる

3) 自分の出身地を言う

> 名字で呼ぶときには，相手の姓に
> Herr（男性）/ Frau（女性）をつけましょう。

4) お互いに調子を尋ね合う

5) 別れの挨拶

du

Name	Wie geht ...?	Herkunft （出身地）

Sie

Name	Wie geht ...?	Herkunft （出身地）

5 **Das Alphabet**

A a B b C c D d E e F f G g

H h I i J j K k L l M m N n

O o P p Q q R r S s T t U u

V v W w X x Y y Z z

Ä ä Ö ö Ü ü ß

5-1 Partnerarbeit

右の座席の人は 81 ページ，左の座席の人は 82 ページを開いてパートナー練習をしましょう。

Quiz

1 ドイツ語が使用されている国はどこですか？

2 ドイツの気候は日本と比べるとどのように違いますか？

3 ドイツ語話者と，日本語話者はどちらが多いでしょうか？

4 ドイツと国境を接している国を挙げてみましょう。

5 ドイツで人気のあるスポーツは何でしょう？

Schreiben

① おはよう！

....

② ありがとうございます。

....

③ わたしの名前は〜です。

....

④ 君の名前はなんていうの？

....

⑤ 調子はどう？　―ありがとう，まあまあだよ。

....

Lektion 2

Kommunikation 友人を紹介する
Grammatik 規則変化動詞，sein 動詞

Er wohnt in Berlin.

1

1) 上の地図に，正しい国名を下から選んで入れましょう。読み方と意味も考えましょう。

Schweiz / Polen / Frankreich / Deutschland / Österreich / Tschechien

2) 会話を聞いて，下線部に国名を入れましょう。

a. Jens kommt aus _____.

b. Alexander kommt aus _____.

17

18

fünfzehn 15

2 **Grammatik:** 動詞 1 (Verben)

ドイツ語の動詞の不定形は，多くの場合，-en で終わります。

> 例：kommen　来る　：　komm　＋　en
>
> 不定形　　　　：　語幹　＋　変化語尾

2-I 次の動詞の語幹と語尾の間に線を引きましょう。

1) gehen 行く　　2) wohnen 住む　　3) lernen 学ぶ　　4) telefonieren 電話する

3 **Grammatik:** 動詞 2

動詞は主語によって変化します。

19

Hallo, ich **wohne** in Berlin.
Ich **lerne** Englisch.

Er **wohnt** in Berlin. Er **lernt** Englisch.

Wohnst du in Deutschland?
Lernst du Deutsch?

> 3 人称単数
> **er / sie / es**
> 動詞の変化：語幹 **-t**

3-I Schreiben

3-I-I 上の会話文の主語に下線を引き，動詞を丸で囲みましょう。

3-I-2 上の会話文から語順のパターンを見つけ出して，以下の単語を下線部に補いましょう。

目的語	動 詞	主 語

疑問文：　　　　　　＋　　　　　＋　　　　…？

3-1-3 前頁の会話文から動詞の変化のパターンを見つけて，下の表を埋めましょう。

不定形：lernen　ich: lern_____　du: lern_____　er / sie / es: lern_____

3-1-4 次の動詞を主語にあわせて変化させましょう。

不定形		wohnen	gehen	studieren
ich	-e			
du	-st			
er / sie / es	-t			
wir	-en	wohnen		
ihr	-t	wohnt		
sie / Sie	-en	wohnen		

3-2 Hören

音声を聞いて，下線部を補いましょう。

Martin: Hallo, bist du eine Freundin von Katrin?

Ich heiß_____ Martin. Wie heiß_____ du?

Ai: Hallo, Martin. Ich heiß_____ Ai.

Martin: Woher komm_____ du?

Ai: Ich komm_____ aus Japan.

Woher komm_____ du?

Komm_____ du aus Deutschland?

Martin: Nein, ich bin Österreicher.

Ich komm_____ aus Wien.

Ai: Katrin komm_____ aus Deutschland, oder?

Martin: Ja, sie komm_____ aus Würzburg. Sie ist Deutsche.

> **Beispiel**
>
> 語幹が -ß で終わる動詞は，
> du の人称変化の時に
> 変化語尾から s を省きます。
>
> ○ du heißt　　× du heißst

---

sein (英語の be 動詞)		
ich:	bin	wir: sind
du:	_____	ihr: seid
er / sie / es:	_____	sie: sind
Sie:	sind	Sie: sind

heißen	
ich:	heiß_____
du:	heiß †
er / sie / es:	heiß_____

4 **„Er wohnt in Berlin."**

4-1 Partnerarbeit

例にならってパートナーと会話の練習をしましょう。また自分で考えた人物を紹介しましょう。

🔊
21

A: Wer ist das?　　　　B: Das ist *Martin*.

　　Woher kommt *er*?　　　*Er* kommt aus *Österreich*.

　　Wo wohnt *er*?　　　　*Er* wohnt in *Berlin*.

　　Was studiert *er*?　　　*Er* studiert *Jura*.

Studienfach
Wirtschaftswissenschaft
Soziologie
Pädagogik

Name:	Jens
Herkunft:	Österreich
Wohnort:	Berlin
Studienfach:	Anglistik

Name:	Marie
Herkunft:	Deutschland
Wohnort:	Hamburg
Studienfach:	Musik

Name:	Paul
Herkunft:	Amerika
Wohnort:	Dortmund
Studienfach:	BWL

(Betriebswirtschaftslehre)

Name:	Sophie
Herkunft:	Frankreich
Wohnort:	Heidelberg
Studienfach:	Medizin

Name:

Herkunft:

Wohnort:

Studienfach:

5 Zahlen 2

22

11 elf   12 zwölf   13 dreizehn   14 vierzehn   15 fünfzehn

16 sechzehn   17 siebzehn   18 achtzehn   19 neunzehn   20 zwanzig

21 einundzwanzig   22 zweiundzwanzig   23 _____ ...

30 dreißig   31 einunddreißig   32 _____ ...

40 vierzig   50 fünfzig   60 sechzig   70 siebzig   80 achtzig

90 neunzig   100 hundert   1000 tausend

5-1 Partnerarbeit

1-50 までの数字を入れましょう。その後，パートナーと交互に数字をランダムに読み上げて，ビンゴゲームをしましょう。

5-2 Partnerarbeit

23

例にならってパートナーと人物を紹介しましょう。

A: Wie heißt _er_?
B: _Er_ heißt _Max_.
A: Was macht _er_?
B: _Er_ ist _Student_.
A: Wie alt ist _er_?
B: _Er_ ist _19_ Jahre alt.

【職業】	【国籍】
Student / Studentin	Japaner / Japanerin
Lehrer / Lehrerin	Deutscher / Deutsche
Arzt / Ärztin	Franzose / Französin
Angestellter / Angestellte	Chinese / Chinesin
Koch / Köchin	Koreaner / Koreanerin

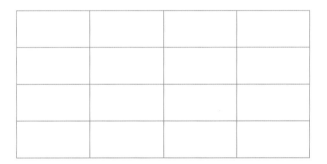

Name	Max	Emma	Elias	Luis	Sara
Beruf	Student	Studentin	Lehrer	Arzt	Angestellte
Alter	19	21	32	46	58

1 ドイツで一番人口の多い町はどこでしょう。

2 スイスの首都はどこですか？

3 オーストリア出身の歴史的な有名人の名前を挙げましょう。

Schreiben

① わたしは大学生です。

....

② わたしは日本出身です。

....

③ わたしは（自分の住んでいるところ）に住んでいます。

....

④ 君はドイツ人（女性）なの？　―いいえ，わたしはフランス人（女性）です。

....

⑤ 彼らはコック（Köche 複）です。

....

⑥ 彼女は医者です。

....

Lektion 3

Kommunikation 身のまわりの物，家族
Grammatik haben 名詞

Was ist das?

24

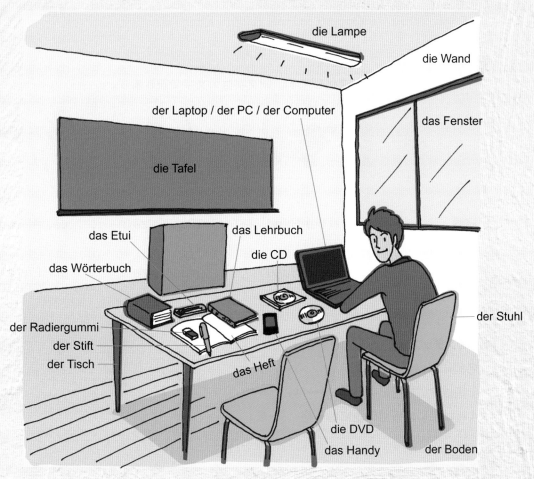

die Lampe
die Wand
der Laptop / der PC / der Computer
das Fenster
die Tafel
das Etui
das Lehrbuch
die CD
das Wörterbuch
der Radiergummi
der Stift
der Tisch
das Heft
der Stuhl
die DVD
das Handy
der Boden

1

1) 辞書で次の単語の性を調べましょう。

_____ Sonne　　_____ Mond　　_____ Kind　　_____ Buch

25

2) 会話を聞いて，下線部に単語を入れましょう。

Hast du _____ ?

— Ja, Moment. _____ und _____ sind hier.

2 **Grammatik:** 名詞 (Nomina)

名詞のステップ1

名詞にはすべて文法上の性があります。

男性名詞　das Maskulinum　女性名詞　das Femininum　中性名詞　das Neutrum

名詞のステップ2

性別に応じて，冠詞が変化します。頭文字は大文字で書きます。

|男| |女| |中|

🔊
26

定冠詞 　　　　　　　der Hund 　　　　die Katze 　　　　das Pferd
その，この

不定冠詞 　　　　　　ein Hund 　　　　eine Katze 　　　　ein Pferd
ひとつの，ある…

名詞のステップ3

名詞には格があります。

・1格は主に主語になる格 「～は」，「～が」
・4格は主に直接目的語になる格 「～を」

> 定冠詞は英語の *the*，不定冠詞は英語の *a* に相当します。単語の性別を覚えないと，冠詞を間違えてしまいます。しっかり覚えましょう！

定冠詞

	男性名詞	女性名詞	中性名詞
1格	der	die	das
4格	den	die	das

不定冠詞

	男性名詞	女性名詞	中性名詞
1格	ein	eine	ein
4格	einen	eine	ein

2-1 1格と4格の形が異なる部分にマーカーで色をつけましょう。

3-1 Gruppenarbeit

グループで，お互いの持ち物や教室にあるものを指差しながら，例にならって会話をしましょう。

🔊
27

Was ist das?

Das ist *eine Brille.*
Die Brille.

Wie buchstabiert man *„Brille"*?

B–r–i–l–l–e.
Brille.

3-2 Vokabeln

単語の性別は，自然の性と同じ場合もあります。（例外：das Mädchen 少女）

🔊
28

die Eltern

die Geschwister

der Vater　　　die Mutter　　　der Bruder　　die Schwester

die Großeltern

der Großvater　　die Großmutter

【複数形の定冠詞】
1格　die
4格　die
名詞には複数形しかない名詞
もあります。例：**die Leute**

3-3 Schreiben

次の単語の複数形を調べましょう。

die Mutter .... der Vater ....

der Bruder .... die Schwester ....

das Auto .... der Lehrer ....

【辞書の表記例】
der Mann
男 –(e)s/Männer
1. 成人の男性…

名詞の複数形には5つのパターンがあります。どのパターンになるかは単語によって違うので，覚えましょう。また，複数形が主語になると，動詞は3人称複数形になります。

4 **Farben**

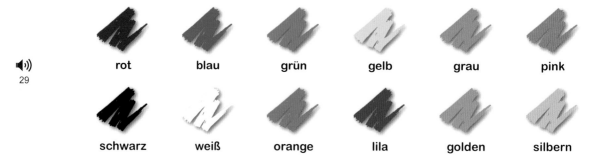

🔊 29

| rot | blau | grün | gelb | grau | pink |

| schwarz | weiß | orange | lila | golden | silbern |

4-1 Partnerarbeit

例にならい，練習しましょう。
また下線部の格は何格か考えましょう。

kaufen「～を買う」

🔊 30

A: Wie heißt das auf Deutsch?

B: Das ist *ein Buch*. *Das Buch* ist *gelb*.

A: Ich kaufe *das Buch*.

1) 2) 3) 4) 5)

4-2 Partnerarbeit

パートナーとお互いの持ち物を指差しながら，同じように練習しましょう。

Grammatik: 動詞 **haben**

> 不規則変化動詞 haben：～を持っている (英語の *have*)。４格目的語をとります。

🔊
31

ich	habe	wir	haben
du	**hast**	ihr	habt
er / sie / es	**hat**	sie	haben
Sie	haben	Sie	haben

> **Ich habe** _____ . 一匹の犬
> **Hast du** _____ ? 一人の妹
> **Wir haben** _____ . 二人の子供

【haben と結びつく様々な名詞】

> **Zeit** 女   **Lust** 女   **Geld** 中   **Durst** 男   **Fieber** 中   **Hunger** 男
>
> これらは数えられない名詞なので，否定冠詞 kein（一つの，一人の～も…ない）
> で否定します。

🔊
32

Habt ihr heute Zeit?

Ja, ich habe heute Zeit.

Nein, ich habe heute **keine** Zeit.

> 否定冠詞 **kein** も性と格に応じて変化します。
> ４格の場合
>
> | 男 | 女 | 中 | 複 |
> |---|---|---|---|
> | **keinen** | **keine** | **kein** | **keine** |

5-1 Partnerarbeit

パートナーと，上の例にならい，練習しましょう（heute は入れない）。質問には Ja と
Nein の両方で答えましょう。（主語に合わせて，haben を正しく変化させましょう。）

1) Lust   2) Hunger   3) Durst   4) Bruder   5) Geschwister

1 Löffel スプーン，Gabel フォーク，Messer ナイフ，Stäbchen 箸 の名詞の性別はそれぞれ何でしょう？

2 日本では信号の色といえば青と赤ですが，ドイツでは 「　」と赤といいます。

3 ドイツの国旗の色を上からドイツ語で言ってみましょう。

Schreiben

① これはなんですか？　―これは一冊の教科書です。

....

② この車は白い。

....

③ 君はパソコンを一台持ってるの？

....

④ 今日，君は時間はある？

....

⑤ いいえ，今日は時間がない。

....

⑥ 彼女は熱があります。

....

⑦ その両親は 4 人の子供がいます。

....

Kommunikation 身のまわりの物や人物について説明する
Grammatik 形容詞，不規則変化動詞

Die Stadt ist schön!

🔊 33

Der Wagen ist **neu**.

Ich kaufe den **neuen** Wagen.

Die Stadt ist **schön**.

Sie besucht die **schöne** Stadt.

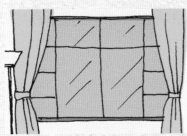

Das Fenster ist **groß**.

Wir putzen das **große** Fenster.

🔊 34

1 音声を聞いて，下線部に単語を入れましょう。また日本語に訳しましょう。

alt / klein / hässlich

a. **Die Krawatte ist** _____. （訳：　　　　　　　）

b. **Der Mann ist** _____. （訳：　　　　　　　）

c. **Das Fahrrad ist** _____. （訳：　　　　　　　）

2 **Grammatik:** 形容詞 1 (Adjektive)

形容詞のステップ1：補語になるとき（sein や werden「～になる」などの動詞とともに使われるとき）は述語的用法といい，語尾変化しません。

🔊 35

> Der Hund ist **klug**.
>
> Die Katze ist **hübsch**.

副詞としても使えます。この場合は副詞的用法といいます。

> Das Pferd rennt **schnell**.

3 **„Ist das Buch interessant?"**

3-1 Partnerarbeit

例にならい，パートナーと会話をしましょう。

🔊 36

例：

> Ist *das Buch* *interessant*?

> Nein, *es* ist *nicht interessant*.

【名詞の代名詞化】
男 → **er**
女 → **sie**（3人称単数）
中 → **es**
複 → **sie**（3人称複数）

1)   2)   3)   4)

Stadt女   **Film**男   **Paket**中   **Bilder**複
berühmt   **langweilig**   **schwer**   **teuer**

3-2 Partnerarbeit

次の人物はどんな性格でしょう？ 例にならい，パートナーと「彼／彼女は〜だと思う」
と練習しましょう。

> Ich finde, _er_ ist _nett_.
> Was denkst du?

> Ich finde, _er_ ist _freundlich_.

nett / freundlich / sympathisch / lustig

unfreundlich / langweilig / intelligent / witzig

ruhig / unsympathisch / schüchtern / tolerant

1) 　　2) 　　3) 　　4)

3-3 Schreiben

それぞれの人物の性格を書きましょう。

Sven　　Lena

Sophie　　Holger

1) Sven _____ .

2) Lena _____ .

3) Sophie _____ .

4) Holger _____ .

4 **Grammatik:** 形容詞 2

形容詞のステップ2：形容詞は，名詞を修飾する際（付加語的用法）に，名詞の性と格に応じて語尾が変化（格変化）します。

4-1 形容詞の語尾変化にマーカーで色をつけましょう。

> 「新鮮な」という意味の形容詞 frisch が名詞の性と格にあわせて変化していますね？

🔊 38

a) 定冠詞類＋形容詞＋名詞

	男性名詞	女性名詞	中性名詞	複数名詞
1格	der frische Fisch	die frische Orange	das frische Brot	die frischen Fische
4格	den frischen Fisch	die frische Orange	das frische Brot	die frischen Fische

b) 不定冠詞類＋形容詞＋名詞

> **neu**「新しい」

	男性名詞	女性名詞	中性名詞	複数名詞
1格	ein neuer Rock	eine neue Jacke	ein neues Kleid	meine neuen Röcke
4格	einen neuen Rock	eine neue Jacke	ein neues Kleid	meine neuen Röcke

c) 形容詞＋名詞

> **kalt**「冷たい」

	男性名詞	女性名詞	中性名詞	複数名詞
1格	kalter Saft	kalte Milch	kaltes Bier	kalte Getränke
4格	kalten Saft	kalte Milch	kaltes Bier	kalte Getränke

4-2 Schreiben

[ ] 内の形容詞を格変化させて，下線部に入れましょう。

1) Das ist ein ＿＿＿＿＿＿＿＿＿ Restaurant 中. [berühmt]

2) Er verkauft das ＿＿＿＿＿＿＿＿＿ Auto 中. [alt]

3) Sie liest einen ＿＿＿＿＿＿＿＿＿ Roman 男. [interessant]

4) Essen Sie gern ＿＿＿＿＿＿＿＿＿ Essen 中? [deutsch]

5) ＿＿＿＿＿＿＿＿＿ Wein 男 trinke ich nicht so oft. [japanisch]

> 主語以外の語が文頭におかれると，強調になります。
> 強調したい語＋動詞＋主語 ….

> 動詞には不規則変化するものがあります。主に du (君) と er / sie / es (彼/彼女
> /それ) が主語のときに語幹の母音が変化します。

	a → ä	e → i	e → ie	それ以外
不定形	fahren	sprechen	sehen	wissen
ich	fahre	spreche	sehe	weiß
du	fährst	sprichst	siehst	weißt
er / sie / es	fährt	spricht	sieht	weiß
wir	fahren	sprechen	sehen	wissen
ihr	fahrt	sprecht	seht	wisst
sie / Sie	fahren	sprechen	sehen	wissen

5-1 不規則変化している箇所にマーカーで色をつけましょう。

5-2 Schreiben

次の動詞を人称変化させましょう。

不定形	schlafen	treffen
ich		
du		
er / sie / es		
wir		
ihr		
sie / Sie		

【気をつけるべき動詞】
lesen	werden
du:　　　liest	du:　　　wirst
er / sie / es: liest	er / sie / es: wird
	ihr:　　　werdet

5-3 Schreiben

下の単語や文章の意味を調べながら, 下線部に正しい単語を選んで入れましょう。ただし,
変化が必要なときは正しく変化させましょう。

> spanisch / fahren / lesen / lernen / das / neu / blau / sprechen

1) Heike ＿＿＿＿＿＿ sehr gern Fahrrad. Sie kauft ein ＿＿＿＿＿＿

   Fahrrad. ＿＿＿＿＿＿ Fahrrad ist ＿＿＿＿＿＿ .

2) Heiko ＿＿＿＿＿＿ Spanisch. Er ＿＿＿＿＿＿ sehr gut Spanisch.

   Er ＿＿＿＿＿＿ jeden Tag eine ＿＿＿＿＿＿ Zeitung.

Quiz

1 ドイツでは晩御飯に kaltes Essen (kalt：冷たい Essen: 食事) を食べます。kaltes Essen とはなんでしょう？

2 次のことわざの意味は？Ein gesunder Geist(精神)in einem gesunden Körper (身体).

3 世界的に有名なドイツ産モーゼルワインは主に Rotwein oder Weißwein?

Schreiben

① これらの荷物(Pakete 複)は軽い(leicht)です。

....

② 彼はひとつの軽い荷物を運びます(tragen)。

....

③ 彼女はきっと(sicher)親切な先生(Lehrerin)になります(werden)。

....

④ Petra は日本の(japanisch)食べ物を食べる(essen)のが好き(gern)です。

....

⑤ 君はその古い塔(Turm 男)が見える(sehen)？

....

⑥ この新しい映画は面白い(interessant)ですか？

....

⑦ いいえ，それは[「映画」の代名詞化]退屈です。

....

Lektion 5

Wo ist das?

40

> Wohin fährst / fliegst du in den Ferien?

> Ich fahre mit dem Zug nach Deutschland./ Ich fliege ...

Zug 男　　Flugzeug 中

Auto 中　　Bus 男

nach Deutschland

nach Hawaii

ans Meer

in die Schweiz

zu einem Freund

---

1 会話を聞いて，下線部に単語を入れましょう。また日本語に訳しましょう。

a. Wohin fährt Ruth in den Ferien?

　　– Ruth fährt nach ＿＿＿＿＿＿＿＿.

b. Mit wem?

　　– Mit ihren ＿＿＿＿＿＿＿.

> ihr: 彼女の
> wem: wer の3格

c. Und Michael?

　　– Michael fliegt mit seiner ＿＿＿＿＿ nach ＿＿＿＿＿.

2 **Grammatik:** 3格 (Dativ), 4格 (Akkusativ), 前置詞 (Präpositionen)

🔊 42

	男	女	中	複
3格	dem	der	dem	den (-n)

	男	女	中
3格	einem	einer	einem

3格：〜に

前置詞のステップ1：前置詞は，後ろにくる語の格に
影響を与えます。これを前置詞の格支配といいます。

> 複数形の名詞の3格には
> 単語の後ろに -n がつきます
> （-n で終わる単語は除く）

3格支配の前置詞

🔊 43

aus	〜から	Ich komme **aus** Nagoya.
bei	〜のところに	Ich wohne **bei** meinen Eltern.
mit	〜と一緒に /〜で	Ruth reist gern **mit** ihrer Schwester.
nach	〜へ /〜のあと	Ich fahre **nach** Berlin.
seit	〜以来	**Seit** einem Monat bin ich bei Michaela.
von	〜から /〜の	Sie fliegt **von** Frankfurt nach Paris.
zu	〜へ	Ich gehe **zur** Uni.

2-1 Übersetzen

上の文章を日本語に訳しましょう。

🔊 44

> 一部の前置詞は指示力が弱いとき定冠詞と融合します。
>
> zur (zu + der) / zum (zu + dem)
>
> zur Uni ─┐
> └ gehen
> zum Arzt ─┘

4格支配の前置詞

🔊 45

durch	〜を通って	Sie gehen **durch** einen Tunnel.
für	〜のために	Das ist ein Geschenk **für** dich.
gegen	〜に対して	Ist das ein Mittel **gegen** Erkältung?
		薬　　　　　　　風邪
ohne	〜なしに	**Ohne** ihn spielen wir Fußball.
um	〜のまわりに	Eine Katze geht **um** das Haus.

2-2 Übersetzen

上の文章を日本語に訳しましょう。

3 Grammatik: 人称代名詞の 3・4 格 (Personalpronomina)

			er	sie	es				
1格	ich	du	er	sie	es	wir	ihr	sie	Sie
3格	mir	dir	ihm	ihr	ihm	uns	euch	ihnen	Ihnen
4格	mich	dich	ihn	sie	es	uns	euch	sie	Sie

3-1 Schreiben

前置詞にあわせて，冠詞等を変化させましょう。また，〔 〕内の動詞は正しく変化させて入れましょう。

1) Ein Mann ＿＿＿＿＿ aus ＿＿＿＿＿ Zimmer 中. ＿＿＿＿＿ [gehen]
   ひとりの男がその部屋から出て行く。

2) Der Bus ＿＿＿＿＿ zu ＿＿＿＿＿ Schule 女. ＿＿＿＿＿ [fahren]
   このバスはその学校に行きます。

3) Die Studenten ＿＿＿＿＿ nach ＿＿＿＿＿ Unterricht 男 zu ＿＿＿＿＿

   Lehrer 男. ＿＿＿＿＿ [kommen]
   学生たちは，授業後に先生のところに来る。

4) ＿＿＿＿＿ du ＿＿＿＿＿ Buch 中 für ＿＿＿＿＿ ? [kaufen]
   君は彼のためにこの本を買うの？

3-2 Gruppenarbeit

まず 2 人ペアになり，3 格または 4 格支配の前置詞と，人称代名詞の 3 格または 4 格を使った文章を 5 つ作りましょう。その後，単語ごとに文章を（はさみなどで）切り離し，別のペアと交換しましょう。競争で，単語パズルを正しく組み立ててください。

Beispiel　Arbeitest　du　für　sie?

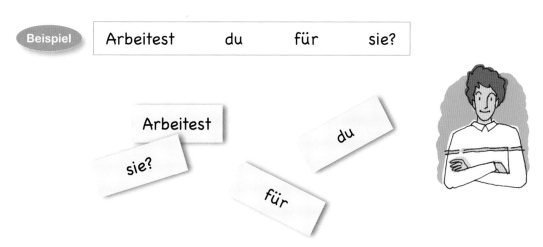

4 **Grammatik:** 3・4 格支配の前置詞

前置詞のステップ2：次の前置詞は，状況によって後ろの語を3格または4格か，使い分けなければなりません。そのような前置詞を3・4格支配の前置詞といいます。

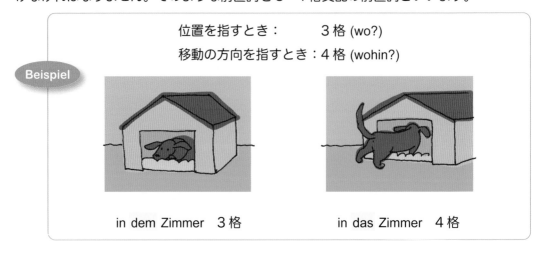

位置を指すとき： 　　　3 格 (wo?)

移動の方向を指すとき：4 格 (wohin?)

Beispiel

in dem Zimmer　3 格

in das Zimmer　4 格

47

【3・4 格支配の前置詞】

次の前置詞の意味を，イラストから想像して下線部に書きましょう。

an

auf

hinter

in

neben

über

unter

vor

zwischen

Partnerarbeit

２人でペアになり，ひとりは鉛筆や消しゴムなど好きなものを手に持ち，机の上や教科書の下など，好きなところに置きましょう。もうひとりはその場所を，ドイツ語で言ってみましょう。（21 頁を参照しながら行ってください。）

Wo ist das?

Auf dem Tisch!

4-2 Schreiben

前置詞の格支配に気をつけて，下線部に定冠詞を正しく入れましょう。

1) Wohin geht ihr?   - Wir gehen in ＿＿＿＿＿ Bibliothek 女.

2) Was macht ihr in ＿＿＿＿＿ Bibliothek?

3) Wo ist die Katze?   - Sie liegt auf ＿＿＿＿＿ Sofa 中.

4) Wohin stellen wir die Bücher?   - Wir stellen sie in ＿＿＿＿＿ Regal 中.

5) Hängst du das Bild an ＿＿＿＿＿ Wand 女?

5 **Grammatik:** 3 格目的語と結びつく動詞

helfen	～を手伝う	Der Mann hilft der Frau.
gehören	～は～のものである	Das Handy gehört ihm.
gefallen	～は～の気に入る	Die Stadt gefällt mir.

3格

	helfen	gefallen
du:	hilfst	gefällst
er / sie / es:	hilft	gefällt

5-1 Schreiben

次の文の誤りを見つけて，正しく書き直しましょう。

1) Sie hilft das Mädchen.

2) Gehört der Pass dich?

3) Er gefällt dem Buch.

4) Er stellt die Flasche auf dem Tisch.

5) Ein Schüler steht vor den Eingang.

Quiz

1 ドイツではビールは何歳以上から(ab 3格支配 前置詞)飲酒できるでしょう?

2 Zum Wohl! とはどういう場面で使う台詞でしょう。

3 「お手洗いに行ってきます」„Ich gehe [   ] die Toilette",というときに使う前置詞は?

Schreiben

① 彼は一人の友人のところに住んでいます。

....

② わたしは彼女と一緒に映画館に行きます(ins Kino gehen)。

....

③ 君は自転車で大学へ行くの?

....

④ このボールペン(Kugelschreiber 男)はあなたのものですか?

....

⑤ 銀行(Bank 女)はホテル(Hotel 中)の隣にあります(stehen)。

....

⑥ その列車(Zug 男)はトンネル(Tunnel 男)を走り抜けます。

....

⑦ わたしはこの映画をとても気に入りました。

....

Lektion 6

Kommunikation 予定を言う，注文する
Grammatik 話法の助動詞，名詞の２格

Ich möchte eine Tasse Kaffee.

50

Kannst du Deutsch sprechen?

Ja, ich kann Deutsch sprechen.

Musst du heute Hausaufgaben machen?

Nein, ich muss heute keine Hausaufgaben machen.

Willst du nicht im Ausland leben?

Doch, ich will im Ausland leben.

---

1 レストランでの会話を聞いて，下線部に正しい単語を選んで入れましょう。
51

Wiener Schnitzel mit Pommes frites 中 / Kännchen Tee 中 / Sachertorte 女 /

Schwarzwälder Kirschtorte 女 / Glas Bier 中 / Milchkaffee 男

a. Ich möchte eine _____ und einen _____ .

b. Ich möchte eine _____ und ein _____ .

c. Ich möchte ein _____ und ein _____ .

2 **Grammatik:** 話法の助動詞 (Modalverben)

動詞を補い,「許可・可能・義務・意志・願望」などのニュアンスを加える助動詞が,話法の助動詞です。dürfen, können, müssen, sollen, wollen, mögen (möchte) があります。

a) können: 可能「〜できる」

🔊 52

助動詞　　　　　　動詞の不定形（文末）
Ich **kann** Deutsch sprechen.
（枠構造）

> 助動詞は主語にあわせて人称変化します。本動詞は不定形で文末におきます。

	können
ich	**kann**
du	**kann**st
er/sie/es	**kann**
wir	können
ihr	könnt
sie/Sie	können

1人称単数と
3人称単数は同形

> 【**doch** 否定の質問を肯定するとき】
> **Kannst du nicht** Auto fahren?
> 君は車を運転できないよね？
> - **Doch**, ich kann Auto fahren.
>   そんなことないよ，できるよ。
> - **Nein, ich kann nicht** Auto fahren.
>   うん，できないよ。

2-1 Partnerarbeit

下の図を使って，クラスの人に「〜ができる／できない（Xが書かれている場合）」をたずねてください。タテ，ヨコ，ナナメのいずれかが揃えばビンゴです。

🔊 53

Kannst du *Ski fahren*?　　　Nein, ich kann nicht *Ski fahren*.

Ja, ich kann *Ski fahren*.

Ski fahren	Fußball spielen	Kaffee schwarz trinken	Scooter fahren
gut Englisch sprechen	Geige spielen	(X) Snowboard fahren	japanisches Essen kochen
(X) scharfe Speisen essen	Karate machen	Gitarre spielen	ein bisschen Deutsch sprechen
Ikebana machen	Klavier spielen	(X) Fahrrad fahren	Tennis spielen

b) müssen: 義務「〜しなければならない」，wollen: 意志「〜するつもりだ」

	müssen	wollen
ich	**muss**	**will**
du	**muss**t	**will**st
er/sie/es	**muss**	**will**
wir	müssen	wollen
ihr	müsst	wollt
sie/Sie	müssen	wollen

2-2 Schreiben

Sebastian の一週間の予定を，müssen か wollen をうまく使い分けて，ドイツ語で書きましょう。

Am *Montag* muss er *zum Arzt gehen*.

Montag	Dienstag	Mittwoch	Donnerstag	Freitag	Samstag	Sonntag
zum Arzt gehen	Japanisch lernen	mit Petra ins Kino gehen	jobben	eine Prüfung machen	mit Marco einkaufen gehen	nach Basel fahren

c) sollen: 主語以外の意志による義務「〜すべきである」

dürfen: 許可「〜してもよい」か否定文で禁止「〜してはいけない」

	sollen	dürfen
ich	**soll**	**darf**
du	**soll**st	**darf**st
er/sie/es	**soll**	**darf**
wir	sollen	dürfen
ihr	sollt	dürft
sie/Sie	sollen	dürfen

> man 一般的な話題のとき，「人は…」という意味で主語になります。
> 3人称単数
> Darf man hier parken?
> ここに車を停めていいですか？

2-3 Schreiben

次の会話文の（　）内には助動詞 sollen，dürfen を，下線部には動詞を選んで入れ，日本語に訳しましょう。

> spielen / nehmen / machen / lesen / bleiben

Anna: Mama, ich habe Kopfschmerzen.

Mama: Wirklich? Das ist nicht gut. Du (　　　) eine Tablette _____ .

Anna: (　　　) ich Videospiele _____ ?

Mama: Videospiele? Du (　　　) keine Videospiele _____ .

Du (　　　) im Bett _____ .

Anna: (　　　) ich im Bett Mangas _____ ?

Mama: Nein. Du (　　　) nichts _____ .

d) mögen: 推量「～だろう」，直説法で4格目的語とともに「～が好きである」

接続法II式 möchte の形で願望「～したい」，「～が欲しい」

🔊
56

	mögen	möchte
ich	**mag**	**möchte**
du	**mag**st	**möchte**st
er/sie/es	**mag**	**möchte**
wir	mögen	möchten
ihr	mögt	möchtet
sie/Sie	mögen	möchten

Ich mag kein Obst.
4格目的語
わたしは果物が好きではありません。

2-4 Partnerarbeit

下の単語を参考に，自分のしたいこと，したくないことを書きましょう。そしてパートナーと話し合いましょう。

🔊
57

Popsänger/in werden, Lehrer/in werden, Hausfrau/mann werden,

in Deutschland Deutsch lernen, viele Kinder bekommen, ein großes Haus haben, …

Ich möchte *nicht Popsängerin werden*.

Ich möchte *auch nicht Popsänger werden*.

2-5 Gruppenarbeit

メニューを使い，3人で注文と会計の練習をしましょう。

🔊 **Bestellung**
58

Was bestellen Sie?

Gast

Ober

Ich möchte *einen Wurstsalat, einen Flammkuchen mit Zwiebeln und Schinkenspeck und eine Tasse Kaffee.* Als Nachspeise nehme ich *einen Apfelstrudel*. Und du?

Gästin

Ich möchte …

🔊 Bezahlung

59

Gast	**Bezahlen!**
Ober	**Zusammen oder getrennt?**

Gästin: *Getrennt* bitte. Ich bezahle *eine Tomatensuppe, einen* ...

Ober: *22,50 Euro.*

Gästin: *23 Euro*, bitte. Stimmt so.

Ober: Danke schön!

Gast: Und ich bezahle ...

🔊
60

Vorspeisen	Hauptgerichte	Eiskaffee 5.50
Wurstsalat 5.20	Schnitzel „Wiener Art" 6.10	Milchkaffee 5.60
Käseteller 6.40	Schweinebraten 8.60	heiße Schokolade 6.10
Wurstteller 7.10	Rumpsteak 8.80	Mineralwasser (0,2 l) 2.10
Suppen	Sauerbraten 9.10	Bier (0,3 l) 2.80
Kartoffelsuppe 2.30	Forelle 9.50	Wein (rot/weiß 0,2 l) 4.80
Tomatensuppe 2.50	Grillteller mit Rind- und Schweinefleisch	Sekt (0,1 l) 4.10
Bohnensuppe 3.10	12.50	**Nachspeisen**
Gulaschsuppe 3.50	**Getränke**	Apfelstrudel 4.10
Flammkuchen	Cola (0,2 l) 2.10	Obstkuchen 4.30
mit Zwiebeln, Schinkenspeck 6.50	Tee 3.50	Schokokuchen 4.50
mit Tomaten, Mozzarella 6.80	Kaffee 3.60	Nusskuchen 4.90
mit Räucherlachs, Gemüse 7.40	Orangensaft (0,2 l) 3.80	Eis gemischt 5.40
	Apfelsaft (0,2 l) 3.80	

3 Grammatik: 名詞の2格　〜の (Genitiv)

🔊
61

	男	女	中	複
1	der	die	das	die
2	des (-s/-es)	der	des (-s/-es)	der
3	dem	der	dem	den(-n)
4	den	die	das	die

	男	女	中
1	ein	eine	ein
2	eines (-s/-es)	einer	eines (-s/-es)
3	einem	einer	einem
4	einen	eine	ein

ほとんどの男性名詞と中性名詞は2格のときに名詞の後ろに -s か -es をつけます。（そのほかに複数形の3格は名詞の後ろに -n がつきます。34頁参照。）

> 2格は後ろから名詞を修飾します

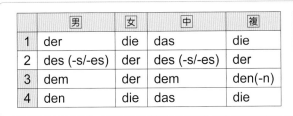

Das ist das Haus des Onkels.
　　　　　1格　　2格

Ich zeige dem Kind der Frau ein Foto.
　　　　　　3格　　2格　　4格

Quiz

1 ドイツのレストランで飲み物の量はどうやって測っているでしょう？

2 Eiskaffee とはどんな飲み物でしょう？

3 ドイツ語圏のレストランでのマナーについて，どんなものがあるか考えて話し合ってみましょう。

Schreiben

下線部は強調しましょう。

① <u>ここで</u>(hier)タバコを吸ってはいけません(rauchen)。

....

② わたしはそろそろ(langsam)家に帰らなければならない(家に帰る：nach Hause gehen)。

....

③ 君はすごく上手に(sehr gut)歌う(singen)ことができるね！

....

④ コーヒーを一杯欲しいのですが。

....

⑤ 君たちは野菜(Gemüse)は好き？

....

⑥ その俳優(Schauspieler 男)の映画(Film 男)は面白い(interessant)。

....

⑦ 彼女はフランス語(Französisch)は話せないよね？ ——そんなことないよ，話せるよ。

....

Lektion 7

Kommunikation 自分の所有物を説明する，人に指示する

Grammatik 所有冠詞，命令形

> **Mein Hund ist ein Dackel.**

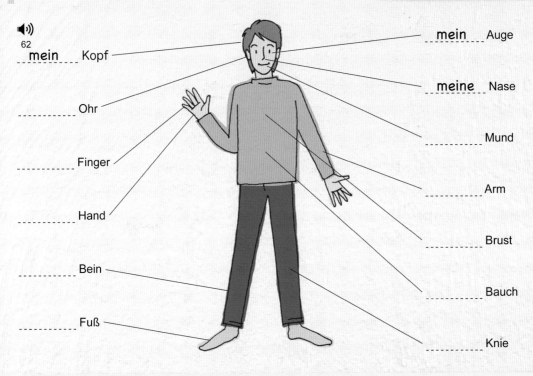

🔊 62

__mein__ Kopf

__mein__ Auge

__meine__ Nase

Ohr

Finger

Hand

Bein

Fuß

Mund

Arm

Brust

Bauch

Knie

1

1) 上の図の下線部に，所有冠詞 mein を名詞の性にあわせて書きましょう。

所有冠詞 mein：わたしの〜

1格：mein Kopf 男　meine Nase 女　mein Auge 中　meine Augen 複

🔊 63

2) 病院での会話を聞いて，下線部に単語を入れましょう。

zwei / Danke schön / arbeiten / Kopfschmerzen / nehmen / Bauch / mein / drei

A: Was fehlt Ihnen?

B: _____ _____ tut mir weh. Seit _____ Tagen habe ich

Fieber.

A: Haben Sie auch _____ ?

> **fehlen** 3格：3格の具合が悪い

B: Nein. Aber ich habe auch Halsschmerzen.

A: _____ Sie bitte diese Tabletten _____ mal pro Tag.

_____ Sie bitte nicht zu viel!

B: Gut. _____ .

2 **Grammatik:** 所有冠詞 (Possessivartikel)

所有冠詞のステップ1

所有冠詞は名詞の性と格にあわせて変化します。

🔊
64

| mein わたしの | dein 君の | sein 彼の／それの | ihr 彼女の／彼らの |
| unser わたしたちの | euer 君たちの | Ihr あなたの／あなたがたの |

それぞれ基本となる形（たとえば「わたしの」なら mein）に，語尾がつきます。

	男性名詞	女性名詞	中性名詞	複数名詞
1格	mein Vater	meine Mutter	mein Kind	meine Kinder
2格	meines Vaters	meiner Mutter	meines Kind(e)s	meiner Kinder
3格	meinem Vater	meiner Mutter	meinem Kind	meinen Kindern
4格	meinen Vater	meine Mutter	mein Kind	meine Kinder

> 所有冠詞の変化は，不定冠詞 (ein,…) と同じなので，不定冠詞類といいます。たとえば，mein は ein に „m-" がついているだけです。

2-1 Schreiben

上の表の mein につく変化語尾の部分にマーカーで色をつけましょう。その後，ihr「彼女の」を格変化させましょう。（名詞も格ごとに正しく書きこんでください。）

	男性名詞	女性名詞	中性名詞	複数名詞
1格	Vater	Mutter	Kind	Kinder
2格				
3格				
4格				

所有冠詞のステップ2

> Meine Heimat ist Nagoya. わたしの故郷は名古屋です。

所有冠詞で気をつけなければならないのは，冠詞自体に「～の」という意味があることです。「わたしの故郷は…」なら，「故郷は」なので，2格ではなく1格です。日本語からドイツ語を考えるときは，名詞の後の格助詞で格を考えましょう。

> **Meine Heimat**
> わたしの故郷は2格　×
> わたしの故郷は1格　○

2-2 Grammatik

下の文章の所有冠詞の格を考えましょう。

1) Mein Hund ist ein Dackel. わたしの犬はダックスフントです。

2) Sein Name ist Tabo. 彼の名前はター坊です。

3) Ich liebe meinen Hund. わたしは自分の犬を愛しています。

4) Die Beine meines Hundes sind kurz. わたしの犬の足は短いです。

5) Ich gehe jeden Tag mit meinem Hund spazieren.
わたしは自分の犬と毎日一緒に散歩に行きます。

1) _____ 2) _____ 3) _____ 4) _____ 5) _____

2-3 Partnerarbeit

例にならい, クラスの中の 3 人の人物にインタヴューを行ってください。その後, 席に戻ったらペアで「彼／彼女の〜は, …」と人物紹介の練習をしましょう。最後に自分のことも話しましょう。

Name				ich
Hobby				
Lieblingsspeise				
Lieblings _____				

„Lieblings-" とは, 名詞につけて, 「お気に入りの〜」という意味になります。
最後の質問は自分で考えてみましょう。単語の性は後ろに続く名詞の性になります。

 Beispiel

Wie ist _____ Name?
(dein)

Was ist _____ Hobby?

Was ist _____ Lieblingsspeise?

Was ist …

_____ Name ist …
(mein)

_____ Hobby ist …

_____ Lieblingsspeise ist …

_____ Name ist …
(sein/ihr)

_____ Hobby ist …

3 **Grammatik:** 命令形 (Imperativ)

ドイツ語には２人称が親称と敬称に分かれているので，命令形の形は du, ihr, Sie（単数／複数）に対する３パターンがあります。

語幹が -d, -t, -ig で終わる動詞など

du の現在人称変化が e→i / e→ie 型の不規則変化動詞はこのように変化します。そのとき -e はつけないでください。

65

	基本	e→i / e→ie	特殊
不定形	sagen	sprechen	sein
du　語幹＋e/ 語幹！	Sag(e)!	Sprich! ←	Sei ...!
ihr　語幹＋t!	Sagt!	Sprecht!	Seid ...!
Sie 語幹＋en Sie!	Sagen Sie!	Sprechen Sie!	Seien Sie ...!

3-1 Schreiben

下線部に入る動詞を次から選び，命令形に変化させて書きましょう。

```
fahren / sprechen / sein / helfen / nehmen
```

1) _____ Sie bitte Platz!

2) _____ langsam! (du)

3) _____ doch nicht so schnell! (du)

4) _____ mir! (ihr)

5) _____ ruhig! (du)

3-2 Partner-/Gruppenarbeit

45 頁の体のパーツの単語をもう一度復習して覚えてください。準備ができたらパートナーに命令するゲームを交代で行ってください。

66

Berühr *deine Nase*!

Schreiben

下の例にならい，それぞれ文章を作りましょう。

Name	Luka	Hanna	Elias	Lisa
…tun / tut weh.	Füße 複	Magen 男	Rücken 男	Hals 男
kann nicht…	Fußball	schlafen	arbeiten	sprechen
Rat	nicht Fußball spielen Tabletten nehmen	nicht fett essen nicht Alkohol trinken	im Bett bleiben nicht spazieren gehen	Kamillentee trinken viel schlafen

Beispiel

Sein Name ist Tobi. Seine Füße tun weh. Er kann nicht Tennis spielen.
Der Arzt sagt: „Seien Sie ruhig und nehmen Sie Tabletten!"

3-4 Gruppenarbeit

4人でグループになり，1人が ihr か du に対して（du のときは相手をファーストネームで呼んでから）命令します。ほかのメンバーは言われたとおりに行動するか，その場でパントマイムをしましょう。（名指しで命令された場合は，その人のみ）

| Deutsch sprechen | singen | schlafen | ernst sein |
| tanzen | vorsichtig sein | halten | geradeaus gehen |

1 ドイツ人の誕生日パーティーは日本のものと
どのような違いがあるでしょうか？

2 誕生日の前日に「お誕生日おめでとう！(Herzlichen Glückwunsch zum
Geburtstag!)」といわれたら，「○○する」という迷信がドイツにはあります。

3 パーティーに呼ばれたときは，どうすればいいでしょうか？
手ぶらで行く？ もしくはなにかを持参する？

Schreiben

① わたしの女友達は親切(nett)です。

② 君の兄弟(Brüder 複)たちはまだ(noch)幼い(klein)の？

③ Weber 氏は自分の妹にこの本を贈ります(schenken)。

④ わたしのお気に入りの映画は『となりのトトロ』(„Mein Nachbar Totoro")です。

⑤ ゆっくり話してください(～してください：bitte)！(Sie に対して)

⑥ 膝(Knie 中)が痛いです。(「膝」は単数で)

Kommunikation　日常生活のいろいろな表現 1

Grammatik　再帰代名詞，再帰動詞

Ich interessiere mich für Geschichte.

67

Sie setzt **sie**.

Sie setzt **sich**.

Er duscht **ihn**.

Er duscht **sich**.

Ich kämme **dich**.

Ich kämme **mich**.

1 会話を聞いて，下線部に単語を入れましょう。

68

Sie / uns / unterhalten / mich / sich / setzen

A: Guten Tag, Herr Braun. _____ Sie _____ bitte!

B: Danke schön, Frau Lindemann.

　Es freut _____, _____ kennenzulernen.

A: Es freut mich auch. Sie kommen aus Hamburg.

　Mein Sohn studiert auch in Hamburg.

B: Ich kenne ihn. Wir _____ _____ manchmal an der Uni.

2 **Grammatik:** 再帰代名詞 (Reflexivpronomen)

再帰代名詞のステップ1

「～自身」という意味の代名詞で，3格と4格があります。再帰動詞とセットで頻繁に使われます。

> 英語の *myself, yourself, himself* などに対応します

🔊 69

	ich	du	er/sie/es	wir	ihr	sie	Sie
3格	mir	dir	sich	uns	euch	sich	sich
4格	mich	dich	sich	uns	euch	sich	sich

2-1 35 頁の人称代名詞と上表の再帰代名詞を比べて，人称代名詞と異なるものにマーカーで色をつけましょう。

2-2 Übersetzen

人称代名詞と再帰代名詞の違いに気をつけながら，下の文章を日本語に訳しましょう。

1) Er lobt ihn.

2) Er lobt sich.

3) Sie kauft ihr eine Jacke.

4) Sie kauft sich eine Jacke.

再帰代名詞のステップ2

再帰代名詞は，主語自身をあらわします。

🔊 70

Ich wasche mir die Hände.

Ich wasche ihnen die Hände.

Grammatik: 再帰動詞 (Reflexive Verben)

再帰動詞のステップ1

再帰代名詞とセットで使う動詞を再帰動詞といいます。3格とセットになるか，4格とセットになるかは動詞によって異なるので，気をつけましょう。

Beispiel

sich⁴ beeilen 急ぐ

> sich は再帰代名詞を表し，右上の数字は格を指します。

Wir beeilen uns.　わたしたちは急いでいます。

再帰代名詞は動詞の直後
におきましょう。

sich³ die Zähne putzen　歯を磨く

Ich putze mir die Zähne.　わたしは歯を磨きます。

3-1 Schreiben

下のイラストの人物の行動を空欄にドイツ語で書きましょう。また意味も想像してみましょう。

sich⁴ rasieren	sich⁴ verspäten	sich⁴ ärgern
Er rasiert sich.		
sich⁴ erkälten	sich⁴ schämen	sich⁴ wundern

再帰動詞のステップ2

再帰動詞は特定の前置詞とセットで用いることがあります。

> **Beispiel**
>
> sich⁴ für et⁴ interessieren　～に興味を持つ
>
> > et⁴ とは名詞の4格という意味で，辞書などでしばしばこのように表記します。「人物」の4格の場合は jn と表記します。
>
> Ich interessiere mich für Geschichte.　わたしは歴史に興味があります。

3-2 Partnerarbeit

ペアを組んで，それぞれの人物について，再帰動詞を使いながら会話の練習をしましょう。

	Jan	Eva	Hannes und Hanna
sich⁴ für et⁴ interessieren	Kunst	Musik	japanische Kultur
sich⁴ auf et⁴ freuen	Ferien 複	Konzert 中	Reise 女 nach Japan
sich⁴ über et⁴ freuen	ein Geschenk von seiner Freundin	einen Brief von ihren Eltern	Besuch von ihren Freunden
sich⁴ um et⁴ / jn sorgen	seinen Hund	ihre Eltern	ihre Kinder

3-3 Partnerarbeit

下の質問に，自分の答えをドイツ語で入れましょう。その後，パートナーにインタヴューをして，答えを入れましょう。58ページの morgens，mittags などの表現も参考にしてください。

Wann putzen Sie sich die Zähne?	
Ich putze mir …	(Partner / -in) putzt sich …
Wofür interessieren Sie sich?	
Wofür interessieren Sie sich nicht?	

3-4 Gruppenarbeit

下の表を使ってクラスの人にインタヴューを行いましょう。Ja と答えた人物の名前を表に書き込んでください。

	immer	oft	manchmal	fast nie	nie
sich⁴ ärgern					
sich⁴ schämen					
sich⁴ erkälten					

Ärgerst du dich *oft*?

Nein, ich *ärgere* mich *fast nie*.

1 ドイツで一番多く飼われているペットは何でしょう？

2 犬を飼うときには○○を支払います。

3 Tierheim（動物保護施設）とは，どんな施設でしょう？

4 大型犬を連れてドイツの公共交通機関を利用する場合，どうすればいいでしょう？

5 犬と一緒に入れるレストランやカフェなどが，ドイツは日本より多い？ 少ない？

Schreiben

① わたしは毎朝（jeden Morgen）ひげをそります（rasieren sich⁴）。

....

② わたしの子供はクリスマス（Weihnachten）を楽しみにしています。

....

③ 僕たちは急がなければならない（müssen）。

....

④ わたしはドイツの（deutsch）映画（Filme 複）に興味があります。

....

⑤ 君はスポーツ（Sport 男）には全然（gar nicht）興味がないの？

....

Lektion 9

Der Zug kommt um zwei Uhr an.

auf|stehen ------------
Wann stehen Sie morgens auf?

Ich stehe morgens um sieben Uhr auf.

statt|finden ------------
Findet das Konzert um 2 Uhr statt?

Nein, das Konzert findet um halb vier statt.

los|gehen ------------
Geht ihr heute um acht Uhr los?

Nein, wir gehen heute um Viertel vor neun los.

1

1) 上の図の下線部に，動詞の意味を調べて入れましょう。

2) 会話を聞いて，下線部に単語を入れましょう。

bis dann / hole / bis später / umsteigen / fährt / am Bahnhof / ab / ab

A: Hallo, Jürgen. Hier spricht Emilia. Wann kommst du heute zu uns?

B: Hallo, Emilia. Ich bin jetzt _____. Der Zug _____
um elf Uhr _____. Ich muss in Frankfurt _____.
Dann komme ich um drei Uhr in Hamburg an.

A: OK, ich _____ dich am Bahnhof _____. _____!

B: _____!

2 **Grammatik:** 時刻表現 (Uhrzeiten)

> 時刻表現には 12 時間制と 24 時間制のふたつがあり，日常生活では主に 12 時間制をよく使います。

🔊 77

Wie spät ist es? / Wie viel Uhr ist es?

> **Viertel** 1/4 = 15分

	12 時間制（日常生活）	24 時間制
14.00	Es ist zwei Uhr.	Es ist vierzehn Uhr.
14.15	Es ist Viertel nach zwei.	Es ist vierzehn Uhr fünfzehn.
14.20	Es ist zwanzig nach zwei. Es ist zehn vor halb drei.	Es ist vierzehn Uhr zwanzig.
14.30	Es ist halb drei.	Es ist vierzehn Uhr dreißig.
14.45	Es ist Viertel vor drei.	Es ist vierzehn Uhr fünfundvierzig.
14.50	Es ist zehn vor drei.	Es ist vierzehn Uhr fünfzig.
14.55	Es ist fünf vor drei.	Es ist vierzehn Uhr fünfundfünfzig.

9 時に   **um neun Uhr**
     に   時
9 時ごろ   **gegen neun Uhr**
     ごろ
morgens / vormittags / mittags
nachmittags / abends / nachts

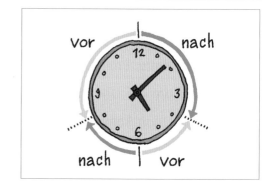

音声を聞いて，時計に正しい時刻を入れましょう。

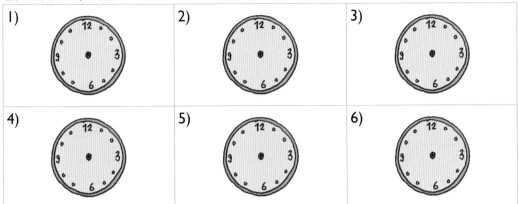

| 1) | 2) | 3) |
| 4) | 5) | 6) |

3　**Grammatik:** 分離動詞 （trennbare Verben）

分離動詞は前つづりに発音の
アクセントをおきます！

Beispiel

an|kommen　到着する

　　an- 前つづり　　kommen　基礎動詞部分

　　基礎動詞は主語に合わせて変化させて，前つづりは文末に置きます。

　　Der Zug **kommt** pünktlich an.　この列車は時間通りに到着します。

3-1　Partnerarbeit

例にならって，パートナーと会話をしましょう。

A: Wann fährt der Zug nach *München* ab? (**ab|fahren** 出発する)

B: Der Zug fährt um *14.23* Uhr nach *München* ab.

A: Und wann kommt der Zug in *München* an? (**an|kommen** 到着する)

B: Der Zug kommt um *17.48* Uhr in *München* an.

Zielort	München	Nürnberg	Heidelberg	Leipzig	Bremen
Abfahrt	14.23 Uhr	09.05 Uhr	11.36 Uhr	18.52 Uhr	07.15 Uhr
Ankunft	17.48 Uhr	13.11 Uhr	14.04 Uhr	21.30 Uhr	10.16 Uhr

3-2　Schreiben

Markus の一日をドイツ語で書きましょう（時刻は 12 時間制で表すこと）。

1)	2)	3)	4)	5)	6)
9.10 am	11.20 am	3.35 pm	6.45 pm	7.15 pm	9.30 pm
los|gehen	Sara an|rufen	ein|kaufen	in die S-Bahn ein|steigen	aus|steigen	mit seiner Freundin fern|sehen

1) ....

2) ....

3) ....

4) ....

5) ....

6) ....

3-3　Hören

81

音声を聞いて下線部を補い，（　）の中に不定形を書きましょう。また，日本語に訳しましょう。

> steigen / komme / rufst / an / seht / ein / lädt / fern / an / um

1)　Ich .... in 20 Minuten zu Hause ....　（　　　　　）

....

2)　............... du mich heute .... ?　（　　　　　）

....

3)   ihr jeden Tag   ?   (   )

4) Sie   in Köln   .   (   )

5) Elias   uns   .   (   )

4   Grammatik: 非分離動詞 (Untrennbare Verben)

> 非分離の前つづりには発音の
> アクセントをおきません。

> 非分離の前つづり
>
> be-, emp-. ent-, er-, ge-, ver-, zer-, miss-
>
> **Beispiel**
>
> Wir besuchen unseren Lehrer.   わたしたちは自分たちの先生を訪問した。

非分離動詞とは，前つづりと基礎動詞部分を分離させずに用いる動詞です。完了形などで過去分詞の形にするときに普通とは違う変化をしますので，非分離の前つづりは覚えておきましょう。

4-1   Partnerarbeit

２人でペアになり，Aの人物の一日とBの人物の一日を，それぞれ ich を主語にして，12時間制の時刻表現を用いてドイツ語で言いましょう。分離動詞と非分離動詞に気をつけて練習しましょう。

A:

9.10	12.15	14.00	18.40	21.30
aufstehen	ein Geschenk bekommen	einen Freund besuchen	Alexander einladen	das Zimmer aufräumen

B:

8.30	11.45	13.05	16.20	22.50
in die U-Bahn einsteigen	den Chef anrufen	einer Freundin einen Film empfehlen	aus dem Bus aussteigen	einschlafen

Quiz

1 平均的にエコ意識が高いのは，ドイツと日本どちらでしょう？

2 環境保全で有名なドイツの街はどこでしょう？

3 ドイツでガラス瓶を捨てるときは，〇〇で分けないといけません。

4 ドイツでボトルによく描かれている右のマークは何でしょう？

5 東日本大震災後，ドイツの政府がエネルギー政策に関して決定したことはなんでしょう？

Schreiben

① 君は明日(morgen)，何時に起きるの？

....

② 今(jetzt)，何時ですか？

....

③ 彼女は今日の午後，ザミュエル(Samuel)に電話します。

....

④ 君を招待する(ein|laden)よ。

....

⑤ 僕たちはベルリンで乗り換えなければならない。

....

⑥ わたしは君にこのレストラン(Restaurant 中)をおすすめする(empfehlen)。

....

Kommunikation 自分の好みや都合を伝える，天気

Grammatik zu 不定形，比較・最上級，非人称の es

Ich trinke lieber Tee als Kaffee.

82

Hast du heute Zeit, mit mir ins Kino zu gehen?

Nein, ich habe heute keine Zeit, mit dir ins Kino zu gehen.

Ist es schwierig, Deutsch zu lernen?

Ja! Deutsch zu lernen ist sehr schwierig.

Sie ist fleißig.

Sie ist fleißiger als er.

Sie ist die fleißigste Studentin.

Er trinkt gern Wein.

Er trinkt lieber Wein als Bier.

Er trinkt Wein am liebsten.

1

83

1) 上の文章の意味と読み方を考えましょう。

2) 会話を聞いて，下線部に単語を入れましょう。

Lust / zur Uni zu kommen / Sie kennenzulernen / Zeit / ins Konzert zu gehen

1. Haben Sie _____ , heute Abend mit uns _____ ?

2. Ich freue mich, _____ .

> zu 不定形（to 不定形）

3. Sie hat keine _____ , heute _____ .

2 **Grammatik:** zu 不定形 (Infinitiv mit zu)

zu 不定形 → zu + 動詞の原形

名詞的用法（zu 不定形：主語か目的語になる）

仮の主語の es

Im Flugzeug zu rauchen ist verboten. (Es ist verboten, im Flugzeug zu rauchen.)

形容詞的用法（zu 不定形：名詞を修飾する）

Hast du Lust, mit mir etwas trinken zu gehen?

84

副詞的用法（前置詞とセットで）

Ich will morgen um 6 Uhr aufstehen, um früh abzureisen.
早く出発するために，明日わたしは 6 時に起きるつもりです。

*分離動詞は前つづりと基礎動詞の間に zu を入れましょう。

2-1 Schreiben

上の名詞的用法の例にならい，zu 不定形で下のイラストをドイツ語で表現してみましょう。（答えはノートに記入してください）

Es ist erlaubt, ... / ... ist erlaubt.

| Notizen machen | eine Frage stellen | hier eintreten |

Es ist verboten, ... / ... ist verboten.

| ohne Führerschein Auto fahren | während des Unterrichts schlafen | in der Bibliothek laut sprechen |

2-2 Schreiben

Lust と Zeit を使い，「君は〜する気はある？ ／ 〜する時間はある？」という疑問文を作り，空欄に入れましょう。

Lust	Zeit
nach dem Unterricht ins Café gehen	am Mittwoch ins Schwimmbad gehen
mit mir in die Disko gehen	am Samstag im Wald spazieren gehen
ein Referat auf Deutsch halten	in der Mensa zu Mittag essen

2-3 Partnerarbeit

Lust を使い，「自分は〜するつもりだ」という文を作りましょう。その後でパートナーと交互に，「君は〜する気はある？」とお互いのことを質問しましょう。

1) im Ausland studieren	2) Politiker / Politikerin werden	3) mit dem Schiff eine Weltreise machen

1)

2)

3)

3 **Grammatik:** 比較級／最上級 (Komparativ / Superlativ)

比較級／最上級のステップ1

比較級：形容詞の原級 ＋ er

最上級：der / die / das –ste / am –sten

> 副詞は **am –sten**

> 比較級：**als** ～より

Beispiel

🔊 85

Der Mann ist kleiner <u>als</u> sein Sohn.

Er ist der kleinste Junge.

3-1 Übersetzen

上の例文を日本語に訳して音読しましょう。

> **(genau) so** ＋ 原級 ＋ **wie** ～
> ～と同じくらい…

比較級／最上級のステップ2

一音節で母音が a, o, u の形容詞／不規則な比較変化		
alt	älter	am ältesten
groß	größer	am größten
hoch	höher	am höchsten
gut	besser	am besten
gern	lieber	am liebsten

3-2 Partnerarbeit

🔊 86

パートナーと一緒に，「どちらが～か」をドイツ語で話しましょう。

Ich *trinke lieber Kaffee* als *Tee*. Und du?

Ich *trinke lieber Tee* als *Kaffee*.

gern	gut	jung	groß

Kaffee / Tee	Englisch / Deutsch	Sie / Partner(in)	Sie / Partner(in)

Gruppenarbeit

4人でグループを作って，「誰が一番〜か？」をドイツ語で話しましょう。

Wer ist der *älteste* Student?

Max ist der *älteste* Student!

Wer ist die *älteste* Studentin?

Sarah ist die *älteste* Studentin!

	Name
alt	
groß	
nett	
fleißig	
schnell laufen	
gut Deutsch sprechen	

Wie groß bist du? — Ich bin … cm groß.

Wie alt bist du? — Ich bin … Jahre alt.

4 **Grammatik:** 非人称の es

Kannst du schnell laufen?

Beispiel

非人称の es: 形式上の主語として es を用いること

・天気　・日時　・Es gibt 4 格.　〜がある。

Es ist (mir) kalt.　（わたしは）寒いです。

Wie geht es Ihnen?
Wie geht es dir?

4-1 Schreiben

下のイラストを，非人称の es を使って表現しましょう。答えは空欄に記入しましょう。

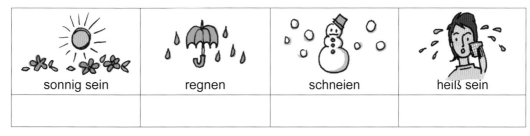

sonnig sein	regnen	schneien	heiß sein

L10 „Ich trinke lieber Tee als Kaffee."

Quiz

1 ドイツのクリスマスは，たいてい誰と一緒に過ごしますか？

2 クリスマスのお祝いは派手にやる？ もしくはおごそかに？

3 Weihnacht(en) は，ドイツ語でクリスマスという意味です。では，Weihnachtsbaum とは何でしょう？

4 クリスマス・マーケットを知っていますか？

Fröhliche Weihnachten!

Schreiben

① 君は火曜日に，わたしと一緒にレストランに行く（ins Restaurant gehen）気はある？

....

② 働きすぎる（zu viel arbeiten）ことは，あまりよくない。

....

③ わたしは君よりも若い。

....

④ この塔（Turm 男）の方がその聖堂（Dom 男）よりも高い。

....

⑤ ぼくは魚（Fisch）より肉（Fleisch）を食べるのが好きだ。

....

⑥ 今日は雷がなっている（donnern）。

....

Kommunikation 過去の出来事を伝える 1

Grammatik 現在完了形，受動

Ich habe an der Uni Deutsch gelernt.

88

Was <u>hast</u> du am Samstag gemacht?	Am Samstag <u>habe</u> ich mit meinen Freunden Fußball gespielt.
machen - gemacht	spielen – gespielt
Was <u>habt</u> ihr in den Winterferien gemacht?	Wir <u>haben</u> Weihnachten _____.
	feiern - _____
Sonst noch etwas?	Wir <u>sind</u> zu Weihnachten in die Kirche _____.
	gehen - gegangen

1

89

1) 上の下線部に，過去分詞の形に変化させた動詞を補いましょう。

2) 会話を聞いて，下線部に単語を入れましょう。

haben / getanzt / gefahren / hast / bin / getrunken / gemacht

a. Hi, Michaela, was _____ du in den Winterferien _____?

b. Ich _____ nach Freiburg _____, um meine Freunde zu treffen und zu feiern. Wir _____ viel _____ und die ganze Nacht _____.

2 **Grammatik:** 現在完了形 (Perfekt)

現在完了形のステップ１

> ドイツ語の日常会話では，過去の事柄は現在完了形を用います。＊ sein, haben, 話法の助動詞は例外

現在人称変化

haben　　　　　　　　　　　　　　　　　　文末

sein（一部の自動詞）　　　＋　…　　過去分詞 .

Beispiel

Ich habe an der Uni Deutsch gelernt.（lernen: haben 支配）

Ich bin zur Uni gegangen.（gehen: sein 支配）

辞書の表記

(s) sein 支配

(h) ／表記なし　haben 支配

【**sein**支配の主な動詞】
・場所の移動
　　　kommen, gehen, fahren …
・状態の変化
　　　werden, sterben …
・その他　**sein, bleiben …**

現在完了形のステップ２

Beispiel

過去分詞の作り方

ge ＋ 語幹 ＋ t　　Ich habe zwei Jahre in Österreich gewohnt.

枠構造

＊過去分詞の不規則変化

gehen-ging-gegangen　kommen-kam-gekommen　sprechen-sprach-gesprochen

essen-aß-gegessen　　stehen-stand-gestanden　finden-fand-gefunden …

2-1 次の動詞が sein 支配か haben 支配か確認し，意味と過去分詞を書きましょう。

1) spielen　　　　　　　支配　意味：　　　　　　過去分詞：

2) geben　　　　　　　　支配　意味：　　　　　　過去分詞：

3) laufen　　　　　　　　支配　意味：　　　　　　過去分詞：

4) ab|fahren　　　　　　支配　意味：　　　　　　過去分詞：

Schreiben

[   ] 内の動詞を使って，現在完了形の文章を作りましょう。また日本語に訳しましょう。

1) Ich _____ gestern in einer Buchhandlung ein Buch _____ . [kaufen]

訳：

2) Wir _____ in der Stadtmitte ein gutes Restaurant _____ . [finden]

訳：

3) _____ ihr vorgestern Ski _____ ? [fahren]

訳：

> -ieren で終わる動詞は ge- をつけない

4) Er _____ in Deutschland Jura _____ . [studieren]

訳：

> 分離動詞は前つづりの後ろに ge- をつける

5) Heute _____ Ai und ich im Kaufhaus _____ . [ein|kaufen]

訳：

> 非分離動詞は ge- をつけない

6) Niemand _____ mich _____ . [verstehen]

訳：

2-3 Schreiben

次の文章を，現在完了形に書きかえましょう。

1) Ich besuche ihn.

_____

2) Der Zug fährt um halb sieben nach Freiburg ab.

_____

3) Er verkauft seinen Fernseher.

_____

4) Ich telefoniere lange mit meiner Mutter.

_____

2-4 Gruppenarbeit

現在完了形を使ったビンゴゲームです。下の表を使って，できるだけ多くの人に質問しましょう。余白には「ハイ」と答えた人の名前を記入してください。タテ／ヨコ／ナナメが揃った人の勝ちです。＊難しい場合は先に sein/haben 支配，過去分詞の形や意味を確認してから始めましょう。

91

Hast du *am Sonntag gejobbt?*

Nein, ich habe *am Sonntag nicht gejobbt.*

am Sonntag jobben	früher Klavier spielen lernen	im Ausland Englisch lernen
gestern mit dem Auto zum Supermarkt fahren	am Wochenende Deutsch lernen	einmal nach Okinawa reisen
heute einmal um|steigen	am Freitagabend ins Restaurant gehen	am Samstag in der Bibliothek sein

einmal ⟷ keinmal

2-5 Schreiben

上のビンゴで記入した名前を使って，「〜は〜した」という現在完了形の文章を 5 つ書きましょう。

1)

2)

3)

4)

5)

Grammatik 受動態 (Passiv)

受動態のステップ1

> **Beispiel**
>
> 主語 ＋ werden ＋ ... 過去分詞.
>
>   人称変化   文末   Der Lehrer lobt die Studentin.
>   その先生はその女子学生を褒める。
>
>   → Die Studentin wird von dem Lehrer gelobt.
>   その女子学生はその先生によって褒められる。

🔊
92

3-1 Schreiben

下の文章を，受動態に書きかえましょう。またその文章を日本語に訳しましょう。

1) Die Kinder zerbrechen das Spielzeug.

   訳：

2) Die Putzfrau putzt das Zimmer.

   訳：

3) Ein Musiker komponiert ein Lied.

   訳：

受動のステップ2

> **Beispiel**
>
> 受動の完了形
>
>   Die Studentin wird von dem Lehrer gelobt.
>   その女子学生はその先生によって褒められる。
>
>   → Die Studentin ist von dem Lehrer gelobt worden.
>   その女子学生はその先生によって褒められた。
>
>   受動の助動詞 werden は，完了形では worden（sein 支配）になります。

🔊
93

Quiz

1　第二次大戦後，ドイツは〇と〇に分断されました。

2　２つに分けられた国土は，それぞれどこの国（または国々）に統治されましたか？

3　ベルリンの壁はおよそ約何年間に亘って，東西ベルリンを隔てていましたか？

4　ドイツが現在の国土に統一されたのは，１９〇〇年のことです。

Schreiben

① 君とトビアス（Tobias）は休暇中に（in den Ferien）何をした（machen）の？

....

② 僕たちはイタリアに（nach Italien）列車（Zug 男）で行ったんだ。

....

③ そこで（dort）僕はたくさんの観光名所（viele Sehenswürdigkeiten）を訪れた（besuchen）。

....

④ トビアスはミラノ（Mailand）にいる自分の妹（Schwester）と一緒にカフェへ行った（ins Café gehen）。

....

⑤ 僕はイタリアで建築学（Architektur）を専攻していた（studieren）。

....

⑥ わたしのカバン（Tasche 女）が泥棒（Dieb 男）に盗まれました（盗む：stehlen）。

....

Lektion 12

Kommunikation 過去の出来事を伝える 2
Grammatik 過去形，従属接続詞

Ich hatte eine Katze.

94

Ich war ein aktives Kind.

Als ich Kind war, war ich aktiv.

Ich hatte eine Katze.

Als ich Schülerin war, hatte ich
eine Katze.

Ich konnte Gitarre spielen.

Als ich Student war, konnte ich
Gitarre spielen.

1

1) 上の文章の中に出てくる過去形 war, hatte, konnte の不定形を推測して入れま
しょう。war: _____ hatte: _____ konnte: _____

2) 会話を聞いて，下線部に単語を入れましょう。

| können, sein, haben |

hatte / war / konnte / waren

a. Ich _____ einmal in Deutschland. Ich habe in Weimar gewohnt.

b. Damals _____ ich viele deutsche Freunde. Ich _____ nicht

so gut Deutsch sprechen, trotzdem _____ sie sehr nett.

2 Grammatik: 過去形 (Präteritum)

過去形のステップ1：70 頁の説明のとおり，過去の事柄は通常，現在完了形で表します。ただし，sein, haben, 話法の助動詞や受動態は過去形も用いられます。また，それ以外の動詞でも，物語や日記などの書き言葉では過去形が頻繁に使用されます。

> **Beispiel**
>
> ドイツ語の過去形は，主語に合わせて人称変化します。
>
> ich war ...,　　du warst ...,　　wir waren ...,

2-1 Schreiben

次の２人の文章を読んで，過去形の動詞にマーカーで色をつけましょう。その後，下の変化表を完成させましょう。

96

> Als ich Kind war, war ich sehr schüchtern.
> Aber mein Bruder war aktiv und offen.
> Wir waren damals in Potsdam.
> Wir hatten einen Hund.
> Warst du schon in Potsdam?

> In den Winterferien waren Ai und ich in Nagano.
> Wir konnten jeden Tag Ski fahren.
> Wo wart ihr in den Winterferien?

	不定形	sein	haben	können
	過去基本形	war	hatte	konnte
ich	-		hatte	konnte
du	-st		hattest	konntest
er / sie / es	-		hatte	konnte
wir	-(e)n			
ihr	-t		hattet	konntet
sie / Sie	-(e)n	waren	hatten	konnten

ich / er 同形

過去形のステップ2

過去基本形	語幹 ＋ te	
規則変化	lernen – lernte	Gestern lernte ich mit ihnen Deutsch.
不規則変化	kommen – kam	Sie kamen nach der Arbeit zur Party.

＊不規則変化する動詞は不規則動詞の変化表や辞書を確認しながら覚えましょう。

2-2 Schreiben

2-1 の変化表を参考にしながら，下の過去人称変化の表を完成させましょう。

不定形	spielen	kommen	gehen
過去基本形	spielte	kam	ging
ich	spielte		
du	spieltest		
er / sie / es	spielte		
wir	spielten		
ihr	spieltet		
sie / Sie	spielten		

2-3 Schreiben / Übersetzen

次のドイツ語を過去形にして，日本語に訳しましょう。

1) Ich habe Fieber.

　　過去形：

　　訳：

2) Er fährt mit dem Fahrrad zur Uni.

　　過去形：

　　訳：

3) Es gibt einen Supermarkt.

　　過去形：

　　訳：

2-4 Schreiben

月曜日から金曜日までの出来事を，過去形で表現しましょう。答えはノートに書きましょう。

Am *Montag besuchte ich eine Vorlesung*.

Montag	Dienstag	Mittwoch	Donnerstag	Freitag
eine Vorlesung besuchen	in die Kneipe gehen	einen Kater haben	viel lernen	Fieber haben

2-5 Partnerarbeit

下の語彙を参考に，過去形を使って「わたしは以前，…」という架空の過去の物語を作ってみましょう。自分の物語が完成したら，「君は以前，…だったの？」とパートナーに質問しましょう。パートナーの答えは，ノートに「彼／彼女は以前，…」と過去形で書きましょう。

98

Ich arbeitete einmal als Präsident. Ich war dick.
Ich hatte ein Kaninchen. Ich wohnte in Amerika.

Arbeit

Präsident(in)	Komiker(in)
König(in)	Schauspieler(in)
Spion(in)	Händler(in)

Merkmale

dick	schlank
arm	reich
offen	verschlossen

Tiere

Kaninchen 中	Bär 男
Tiger 男	Löwe 男
Adler 男	Igel 男

Wohnorte

Tschechien	Polen
Amerika	Ägypten
Afrika	Osaka

3　Grammatik: 従属接続詞　(Konjunktionen)

従属接続詞のポイント：従属接続詞は定動詞の位置に影響します。縦続接続詞で導かれた文は副文といい，定動詞は文末に置かれます。（定動詞後置）

als	〜した時
dass	〜ということ
weil	〜なので
wenn	もし〜なら，〜する時　(*if, when*)

Beispiel

Ich ging nicht zur Uni, weil ich Kopfschmerzen hatte.
わたしは頭が痛かったので，大学にはいかなかった。

=Weil ich Kopfschmerzen hatte, ging ich nicht zur Uni.

3-1　Partnerarbeit

下の E-Mail を参考にしながら，パートナーにメールを書きましょう。

右の座席の人は A，左の座席の人は B の理由を用いてください。

Lieber 男性 / Liebe 女性

Liebe Jasmin,

verzeih mir bitte, dass ich gestern nicht zu dir kommen konnte. Ich wollte kommen, aber es ging nicht, weil ich Kopfschmerzen hatte. Heute gibt es eine Party in unserem Wohnheim. Wenn du Zeit hast, sag mir Bescheid!

Liebe Grüße

Ai

	Partner A	Partner B
... gestern nicht...konnte.	zusammen essen gehen	zur Party kommen
weil ...	Bauchschmerzen haben	Fieber haben

Quiz

1 ドイツへ旅行に行くとしたら，何を持っていきますか？ 書き出してみましょう。

2 安い費用で利用できる宿泊所 Jugendherberge を知っていますか？

3 ドイツを旅行するときに，防犯のために気をつけなければならないことはなんでしょう？

4 „Schöne Reise!" とは，どんな場面で使う言葉でしょうか？

Schreiben

① わたしは以前(einmal)，北海道にいたことがあります。

....

② 子供の頃，わたしはドルトムント(Dortmund)にいました。

....

③ 彼女は昨日，インフルエンザにかかっていました(Grippe haben)。

....

④ マルクス(Markus)は病気(krank)だったので，仕事をしませんでした(arbeiten)。

....

⑤ もし君に時間があれば，僕に連絡して！

....

Lektion 1

5-1 Partnerarbeit

左の人物の名前をアルファベットでパートナーに伝えてください。また右側の人物の名前をパートナーから聞き取ってください。交互に練習してみましょう。

Gutenberg	_____
Luther	_____
Einstein	_____
Brüder Grimm	_____

Lektion 1

5-1 Partnerarbeit

右の人物の名前をアルファベットでパートナーに伝えてください。また左側の人物の名前をパートナーから聞き取ってください。交互に練習してみましょう。

	Kafka
	Mozart
	Bach
	Brahms

文法補足

Aussprache, Lektion 1

Ⅰ 外来語の発音 🔊 100 (Disc 2-1)

外来語系のドイツ語は多くの場合，第一音節の母音にアクセントを置きません。
通常は最後の音節か，最後から２番目の音節にアクセントがあります。

-ant	Restaurant	レストラン	interessant	興味深い
-ät	Universität	大学	Nationalität	国籍
-ei	Polizei	警察	Metzgerei	肉屋
-ek(e)	Bibliothek	図書館	Apotheke	薬局
-ent	Student	大学生	Patient	患者
-ie	Melodie	メロディー	Chemie	化学
-tion	Emotion	感情	Information	情報
-ur	Kultur	文化	Literatur	文学

Ⅱ 挨拶のバリエーションと日常的によく使われる表現 🔊 101 (Disc 2-2)

Grüß Gott!	おはよう，こんにちは，こんばんは，さようなら（南ドイツ，オーストリア）
Bis dann!	またね！
Bis morgen!	また明日！
Alles Gute!	元気でね！
Mach's gut!	元気でね！
Viel Erfolg!	がんばってね！
Viel Spaß!	楽しんできてね！
Gute Reise!	良い旅を！
Gute Besserung!	お大事に！
Vielen Dank!	ありがとうございます！
Bitte schön! / Gern geschehen!	どういたしまして！
Das macht nichts!	なんてことないよ！／どういたしまして！
Tut mir leid!	お気の毒です！
Schade!	残念です！

Lektion 2

Ⅰ 主な疑問詞の一覧　🔊 102 (Disc 2-3)

wo どこで	Wo wohnt sie?
wohin どこへ	Wohin fahren Sie?
woher どこから	Woher weißt du das?
wann いつ	Wann kommst du nach Deutschland?
warum なぜ	Warum lernst du Deutsch?
wie どのように	Wie ist Ihre Telefonnummer?
was なにが，なにを	Was machst du denn?

Ⅱ 注意が必要な動詞の現在人称変化　🔊 103 (Disc 2-4)

〈語幹が -s, -ß, -tz, -z などで終わる動詞〉

du が主語のとき，変化語尾は -t となります。

例：heißen, reisen, tanzen, sitzen ...

ich reise	du **reist**	er / sie / es reist
wir reisen	ihr reist	sie / Sie reisen

〈語幹が -t, -d などで終わる動詞〉

主語が er / sie / es, du, ihr のとき，口調上の e が入ります。

例：arbeiten, finden, öffnen ...

ich arbeite	du **arbeitest**	er / sie / es **arbeitet**
wir arbeiten	ihr **arbeitet**	sie / Sie arbeiten

〈不定詞の語尾が -n のみの動詞〉

例：angeln, lächeln, ändern ...

ich が主語のとき，語幹から e が落ちます。

ich **angle**	du angelst	er / sie / es angelt
wir angeln	ihr angelt	sie / Sie angeln

Lektion 3

Ⅰ 複数形の型　🔊 104 (Disc 2-5)

	単数	→	複数
無語尾型	der Onkel die Mutter	→ →	die Onkel die M**ü**tter
e 型	der Freund die Nacht	→ →	die Freund**e** die N**ä**cht**e**
er 型	das Kind das Haus	→ →	die Kind**er** die H**äu**s**er**
(e)n 型	die Frau die Blume	→ →	die Frau**en** die Blume**n**
s 型	das Auto das Foto	→ →	die Auto**s** die Foto**s**

複数形の 3 格には -n をつけますが，複数 1 格の形がすでに -n で終わっている名詞や，-s 型の名詞には -n をつけません。

1格	die Eltern	die Auto**s**
2格	der Eltern	der Auto**s**
3格	den Eltern	den Auto**s**
4格	die Eltern	die Auto**s**

Ⅱ 否定冠詞の使い方　🔊 105 (Disc 2-6)

否定冠詞 kein は，不定冠詞つきの名詞，無冠詞の名詞（物質名詞，抽象名詞，無冠詞の複数）を否定するときに使います。

〈物質名詞〉

Ich trinke Bier.　　　　　Ich trinke **kein** Bier.
わたしはビールを飲みます。　　　わたしはビールを飲みません。

〈抽象名詞〉

Ich habe Angst.　　　　　Ich habe **keine** Angst.
わたしは心配しています。　　　　わたしは心配していません。

〈無冠詞の複数〉

Wir haben Kinder.

わたしたちは子供がいます。

Wir haben **keine** Kinder.

わたしたちは子供がいません。

	男性名詞	女性名詞	中性名詞	複数形
1格	kein	kein**e**	kein	kein**e**
2格	kein**es**	kein**er**	kein**es**	kein**er**
3格	kein**em**	kein**er**	kein**em**	kein**en**
4格	kein**en**	kein**e**	kein	kein**e**

Lektion 4

I 強調　🔊 106 (Disc 2-7)

主語以外の４格目的語や副詞などの語を文頭に置くことで，強調することができます。

Spielst du heute Tennis?

君は今日テニスをするの？

— **Nein, ich spiele nicht heute Tennis.　Morgen spiele ich Tennis.**

　　　　　　　　　　　　　　　　　　　副詞

　ううん，今日はテニスをしないよ。明日 テニスをするんだよ。

Ich nehme eine Tasse Kaffee. Was nimmst du?

わたしは一杯のコーヒーを注文する。君は何を注文するの？

— **Ein Glas Orangensaft nehme ich.**

　　４格目的語

　僕は一杯のオレンジジュースを注文する。

II nicht の使い方　🔊 107 (Disc 2-8)

nicht（否定の副詞）は，定冠詞つきの名詞，形容詞，副詞，動詞などを否定します。

・目的語が動詞と強く結びついて熟語的に使われる場合，kein ではなく nicht で否定します。

Auto fahren 車を運転する

→ **Ich fahre nicht Auto.**

　わたしは車を運転しません。

〈nicht の位置〉

【部分否定】否定したい語の直前

Ich lerne heute nicht Deutsch (, sondern Französisch).

わたしは今日，ドイツ語は勉強しません（，そうではなくてフランス語です）。

【全文否定】文末

Ich lerne heute Deutsch nicht.

わたしは今日は，ドイツ語を勉強しません。

【SVC】Cの前

Die Studenten sind **nicht** faul.

これらの学生たちは怠惰ではない。

【動詞と結びつきの強い前置詞句】前置詞句の前

Ich gehe heute **nicht** zur Uni.

わたしは今日，大学に行かなかった。

Lektion 5

Ⅰ 前置詞と定冠詞の融合形 🔊 108 (Disc 2-9)

am	←	an dem	ans	←	an das
aufs	←	auf das	beim	←	bei dem
im	←	in dem	ins	←	in das
vom	←	von dem	zum	←	zu dem
zur	←	zu der	など		

前置詞と定冠詞の融合形は，冠詞の指示力が弱いときに用いられます。

〈指示力が弱いとき〉

Ich gehe **zum** Arzt.

わたしは病院（医者）に行きます。

〈指示力が強いとき〉

Ich gehe **zu dem** Arzt.

わたしのその病院に行きます。

Ⅱ 語順 🔊 109 (Disc 2-10)

〈目的語の位置〉

【３格と４格の名詞】

語順： 3格 ＋ 4格

Ich zeige dem Kind ein Foto.
　　　　　　3格　　　4格

わたしはその子供に一枚の写真を見せる。

【どちらかが代名詞化されている場合】

語順： 代名詞 ＋ 名詞

Ich zeige es dem Kind. ＊ es = ein Foto
　　　　　4格　　3格

わたしはその子供にそれを見せる。

Ich zeige ihm ein Foto. *ihm = dem Kind

3格　　4格

わたしは彼に一枚の写真を見せる。

【いずれの名詞も代名詞化されている場合】

語順： 4格 ＋ 3格

Ich zeige es ihm.

4格 3格

わたしは彼にそれを見せる。

〈そのほかの語順〉

【時間＋理由＋様態＋場所】

Ich reise im Sommer mit meiner Freundin in die Schweiz.

時間　　　　　　様態　　　　　　場所

わたしは今年の夏，ガールフレンドとスイスへ旅行に行く。

Er bleibt heute wegen Kopfschmerzen zu Hause.

時間　　　　理由　　　　場所

彼は今日，頭痛のために家に留まる。

Lektion 6

Ⅰ　話法の助動詞のように用いられる動詞　🔊 110 (Disc 2-11)

〈lassen〉

容認「〜させておく」，放置「(邪魔しないで) 放っておく」，使役「〜させる，してもらう」
など

ich	lasse	wir	lassen
du	lässt	ihr	lasst
er / sie / es	lässt	sie / Sie	lassen

Ich lasse die Kellnerin ein Glas Wasser bringen.
わたしはウェイトレスに一杯の水を持ってきてもらう。

〈知覚動詞〉

sehen「〜するのが見える」，hören「〜するのが聞こえる」など
Ich sehe dich kommen.　　　君が来るのが見える。
Ich höre einen Hund bellen.　　　一匹の犬が吠えているのが聞こえる。

〈移動動詞〉

gehen, fahren「〜しに行く」，kommen「〜しに来る」など
Ich gehe nachmittags ins Stadtzentrum einkaufen.
わたしは午後に街の中心へ買い物に行きます。

Ⅱ　男性弱変化名詞　🔊 111 (Disc 2-12)

男性名詞の一部に，単数１格以外のすべての格で名詞の後ろに -(e)n がつくものがあります。
例：Junge 若者, Kollege 同僚, Student 学生, Polizist 警察官, Mensch 人間　など

	単数	複数
1格	der Student	die Studenten
2格	des Studenten	der Studenten
3格	dem Studenten	den Studenten
4格	den Studenten	die Studenten

Lektion 7

I 定冠詞類 🔊 112 (Disc 2-13)

dieser（この）, welcher（どの）, jeder（各々の）, solcher（そのような）, jener（あの）, mancher（いくつかの）, aller（すべての）など

定冠詞類は -er で終わっている語尾の部分が，名詞の性と格に応じて変化します。

	男性名詞	女性名詞	中性名詞	複数形
1 格	dieser	diese	dieses	diese
2 格	dieses	dieser	dieses	dieser
3 格	diesem	dieser	diesem	diesen
4 格	diesen	diese	dieses	diese

Ich komme **diesen Samstag** zu euch.

今週の土曜日に君たちの所へ行くよ。

Mit **welchem Bus** fährt man zum Bahnhof?

駅に行くにはどのバスに乗ればいいですか？

Welche Frau ist deine Deutschlehrerin?

どの女性が君のドイツ語の先生なの？

〈jeder の用法〉

jeder は単数形の名詞にのみ用いられます。複数形の名詞とは使われません。

Jedes Kind hat seinen eigenen Tisch.

どの子供も各々自分の机を持っている。

日にちや季節を表す単語と共に用いて，英語の every に似た使い方をすることもあります。その場合，常に4格で表現します。

jeden Tag 　　　　毎日

jeden Sonntag 　　毎週日曜日

jeden Sommer 　　毎年の夏 　　　など

Ⅱ 疑問冠詞 was für ein ...?（どんな種類の…？） 🔊113 (Disc 2-14)

英語の *what kind of ...?* のように種類を尋ねる疑問冠詞です。名詞の性，単複，格に応じて変化します。

	男性名詞	女性名詞	中性名詞	複数形
1 格	was für ein	was für eine	was für ein	was für
2 格	was für eines	was für einer	was für eines	was für
3 格	was für einem	was für einer	was für einem	was für
4 格	was für einen	was für eine	was für ein	was für

＊この場合の für は格を支配しません。

Was für einen Wagen magst du?　　君はどんな車が好きなの？

Was für ein Mensch ist er?　　　　彼はどんな人ですか？

Lektion 8

前置詞と結びつく疑問代名詞と代名副詞 🔊 114 (Disc 2-15)

〈疑問代名詞 wo(r) ＋前置詞〉

was が前置詞とセットで用いられる場合，wo(r) ＋前置詞となります。

＊母音で始まる前置詞と結びつく際に，-r が入ります。

何のために　　　wofür

何について　　　worüber

〈interessieren sich⁴ für 4 格　～に興味がある〉

Wofür interessieren Sie sich?

あなたは何に興味がありますか？

— Ich interessiere mich für die europäische Geschichte.

わたしはヨーロッパの歴史に興味があります。

〈freuen sich⁴ auf 4 格　～を楽しみに待つ〉

Worauf freust du dich in diesem Sommer?

この夏，君は何を楽しみにしているの？

— In diesem Sommer freue ich mich auf die Reise nach Europa.

この夏はヨーロッパへの旅行を楽しみにしている。

〈ärgern sich⁴ über 4 格　～に腹を立てる〉

Worüber ärgerst du dich denn?　　　いったい君は何に腹を立てているの？

— Ich ärgere mich über mich selbst.　自分自身に腹を立てているんだ。

〈代名副詞 da(r) ＋前置詞〉

「それ」，「その」という意味で da(r) が前置詞とセットで用いられることもあります。

＊母音で始まる前置詞と結びつく際に，-r が入ります。

そのために　　　dafür

それについて　　darüber

Worüber sprechen Sie jetzt?

あなた方は何について話し合っていたのですか？

— Wir sprechen jetzt über das Thema unseres Referats.

わたしたちは自分たちの発表のテーマについて話し合っていたのです。

Später müssen wir wieder darüber sprechen.

また後ほどそれについて再度話し合わないといけません。

da(r) の部分が後続の zu 不定詞句や副文を受けることもあります。

Ich freue mich herzlich darauf, **dass** wir uns bald in Japan wiedersehen können.

まもなく日本で再会できることを，心より楽しみにしています。

Ich freue mich herzlich darauf, Sie bald in Japan wiedersehen **zu** können.

まもなく日本であなたに再会できることを，心より楽しみにしています。

Lektion 9

接続詞　🔊 115 (Disc 2-16)

〈並列の接続詞〉

aber しかし　denn なぜなら　oder もしくは　und そして

以上の接続詞は，語順に影響を与えません。

Du kochst das Essen, **und** ich esse das.

　　　　　　　　　　　主語　動詞

君が食事を作り，そしてわたしがそれを食べる。

〈副詞的接続詞〉

also したがって　dann それから　deshalb だから　so それで

以上の語は，副詞として語順に数えます。

Er ist krank, **deshalb** fehlt er heute.

　　　　　　　　　動詞　主語

彼は病気なので，今日は欠席している。

〈主な従属接続詞〉

als したとき　da なので　dass ということ　ob かどうか　weil だから wenn ならば，するとき　など

従属接続詞は主文ではなく，必ず副文の方に用いられます。平叙文の場合，主文と副文のどちらが先行しても構いませんが，主文が先行した場合，副文の定動詞は文末に置かれます。それを定動詞後置といいます。

Ich weiß.　　　　　　　　　　わたしは知っています。　　主文

Er ist jetzt in Deutschland.　彼は今ドイツにいます。　　副文

→ Ich weiß, dass er jetzt in Deutschland ist .

　　彼は今ドイツにいることを，わたしは知っています。

副文が先行する場合

→ Dass er jetzt in Deutschland ist, weiß ich.

副文の語順は主文が先行した場合と同じですが，後続する主文の定動詞は主文内の文頭に置かれます。

＊ als と wenn の違い

als：一過性の過去の出来事

wenn：習慣，反復的な物事，もしくは「〜したら」

過去の出来事：Als ich in Deutschland war, aß ich oft Döner.

ドイツにいたとき，わたしは頻繁にケバブを食べた。

習慣：Wenn ich in Deutschland bin, esse ich Döner.

ドイツにいるとき，わたしは（いつも）ケバブを食べる。

＊そのほかの wenn の使い方

Wenn es morgen regnet, bleibe ich zu Hause.

もし明日雨が降ったら，わたしは家に留まることにする。

Lektion 10

Ⅰ zu 不定詞の用法 🔊 116 (Disc 2-17)

〈um ... zu 不定詞　～するために〉

Ich komme nach Potsdam, <u>um</u> ihn **zu** sehen.

彼に会うために，わたしはポツダムへ来た。

〈ohne ... zu 不定詞　～することなしに〉

Ich besuche ihn plötzlich, <u>ohne</u> ihm vorher Bescheid **zu** sagen.

前もって知らせることなく，わたしは突然彼の元を訪問する。

〈statt ... zu 不定詞　～する代わりに〉

Er schreibt mir eine E-Mail, <u>statt</u> mich **zu** treffen.

わたしと会う代わりに，彼はメールを書く。

〈haben + zu 不定詞　～しなければならない〉

Ich <u>habe</u> heute viel **zu** tun.

今日はやることがたくさんある。

〈sein + zu 不定詞　～されうる〉

Das Problem <u>ist</u> leicht **zu** lösen.

この問題は容易に解かれうる。

Ⅱ 最上級 am –sten と冠詞＋ -ste の違い 🔊 117 (Disc 2-18)

付加語として用いる場合には，「冠詞＋ -ste」を用います。
あるものをいくつかの条件下で比較して，「（〇〇の条件下で）最も～だ」と表現する場合に am –sten を用います。

Im Winter ist Japan am schönsten.

日本は冬が最も美しい。（→春，夏，秋と比較して）

Ⅲ 形容詞の名詞化 🔊 118 (Disc 2-19)

形容詞は大文字にすると名詞になり，「〜の／な人」という意味になります。男性名詞化は「〜の／な男性」という意味になり，女性名詞化すれば「〜の／な女性」，中性名詞化した場合「〜ということ」という意味で概念を表します。

＊名詞化した形容詞は性と格，冠詞の有無に応じて形容詞の語尾変化をします。

	男性名詞	女性名詞	中性名詞	複数形
1格	der Kranke 病気の男性は	die Kranke 病気の女性は	das Gute 良いことは	die Kranken 病人たちは
2格	des Kranken	der Kranken	des Guten	der Kranken
3格	dem Kranken	der Kranken	dem Guten	den Kranken
4格	den Kranken	die Kranke	das Gute	die Kranken

etwas を中性名詞化した形容詞につけると，「なにか〜なもの」という意味になります。

etwas Leckeres なにか美味しいもの

Lektion 11

I 未来形 🔊119 (Disc 2-20)

未来形は，未来形の助動詞 werden を人称変化させて，原形の動詞を文末におきます。ドイツ語では通常，近い未来は現在形で表現しますが，未来形には推量のニュアンスがしばしば含まれます。

Du wirst die Prüfung bestehen. 君は試験に合格するだろう。

II 完了形の補足 🔊120 (Disc 2-21)

〈過去完了形〉

過去完了形は通常，過去形や現在完了形の文章と関連して用いられます。完了の助動詞を過去形にすることで過去完了形を表します。

Als ich zurückgekommen bin, hatte die Party schon geendet.

わたしが戻ったとき，すでにパーティーは終わっていた。

＊戻った時点よりも前に，パーティーが終了していたことを表します。

〈未来完了形〉

未来には完了しているであろう事柄に対する推量を表します。現在完了形の文章に，未来形の助動詞 werden を用いて表現します。

Nach dieser Reise werde ich in Frankreich gewesen sein.

この旅行のあとでわたしはフランスにいるでしょう。

III 受動態の補足 🔊121 (Disc 2-22)

〈手段，原因の durch〉

受動文における von「〜によって」に後続する内容が手段や原因を表す場合，durch を用います。

Die Stadt wurde durch Bomben zerstört. その町は爆弾で破壊された。

〈状態受動〉

受動の助動詞に sein を用いて文末に過去分詞をおくことで，「〜されている」といった状態受動を表します。

Die Mensa ist schon geschlossen. 学食はもう閉まっている。

Ⅳ 接続法Ⅰ式 🔊 122 (Disc 2-23)

間接話法や，説明文などの要求話法に主に用いられます。動詞の語幹に以下の語尾をつけることで表します。

		lernen	sein
ich	-e	lern**e**	sei
du	-est	lern**est**	sei(**e**)**st**
er / sie / es	-e	lern**e**	sei
wir	-en	lern**en**	sei**en**
ihr	-et	lern**et**	sei**et**
sie / Sie	en	lern**en**	sei**en**

＊現在形の人称変化との区別を明確化させるために，接続法Ⅱ式を代用することもあります。

Er sagte, „ich komme gegen halb sieben abends zu dir.“

→ Er sagte, dass er gegen halb sieben abends zu mir komme.

彼は，今晩の6時半頃にわたしのところに来ると言った。

Lektion 12

Ⅰ 接続法Ⅱ式 🔊 123 (Disc 2-24)

主に非現実話法（事実とは異なることや実現不可能なことを語る）や，丁寧な表現の際に用いられます。

過去基本形に，接続法Ⅰ式と同じ語尾をつけた変化をします。不規則変化動詞の場合は語幹の母音がウムラウト変音します。

		lernen	gehen	kommen	sein
過去基本形		lernte	ging	kam	war
ich	-e	lernte	ging**e**	käm**e**	wär**e**
du	-est	lernte**st**	ging**est**	käm**est**	wär(**e**)**st**
er / sie / es	-e	lernte	ging**e**	käm**e**	wär**e**
wir	-en	lernte**n**	ging**en**	käm**en**	wär**en**
ihr	-et	lernte**t**	ging**et**	käm**et**	wär(**e**)**t**
sie / Sie	-en	lernte**n**	ging**en**	käm**en**	wär**en**

＊過去基本形が -e で終わる動詞は，語尾に -e をつけません。

【würde ... 動詞の不定詞】

接続法Ⅱ式に変化させたときに，動詞が過去形の人称変化と同じである場合や，sein, werden, haben, 話法の助動詞などはこの表現を用いることがあります。

＊ würde とは，werden を接続法Ⅱ式に変化させたものです。

Wenn ich Geld hätte, kaufte ich ein neues Auto.

(= Wenn ich Geld haben würde, würde ich ein neues Auto kaufen.)

もしお金があれば，新しい車を買うのになあ。＊非現実話法

Ich möchte ein Einzelzimmer reservieren.

シングルルームを一部屋予約したいのですが。＊丁寧な表現

Ⅱ　関係代名詞　🔊 124 (Disc 2-25)

関係代名詞は，関係文がかかる先行詞の名詞の性に応じて変化します。

	男性名詞	女性名詞	中性名詞	複数形
1 格	der	die	das	die
2 格	dessen	deren	dessen	deren
3 格	dem	der	dem	denen
4 格	den	die	das	die

＊関係代名詞は通常，先行詞の直後にコンマとともにおかれます。

1 格：**Der Mann,** <u>der</u> **dort steht, ist mein Lehrer.**

　　　あそこに立っている男性は，わたしの先生です。

　　　　＊先行詞は der Mann であり，男性名詞 1 格なので der を使います。

　　　<u>Der Mann</u> steht dort.（その男性はあそこに立っている。）
　　　　　1 格

2 格：**Der Mann,** <u>dessen</u> **Name Jürgen ist, ist mein Lehrer.**

　　　ユルゲンという名のその男性は，わたしの先生です。

　　　　＊ Der Name <u>des Mannes</u> ist Jürgen.（その男性の名前はユルゲンです。）
　　　　　　　　2 格

3 格：**Der Mann,** <u>dem</u> **das Auto gehört, ist mein Lehrer.**

　　　その車の持ち主である男性は，わたしの先生です。

　　　　＊ Das Auto gehört <u>dem Mann</u>.（その車の持ち主はその男性です。）
　　　　　　　　　　3 格

4 格：**Der Mann,** <u>den</u> **ich kenne, ist mein Lehrer.**

　　　わたしが知っているその男性は，わたしの先生です。

　　　　＊ Ich kenne <u>den Mann</u>.（わたしはその男性を知っている。）
　　　　　　　　4 格

このように，関係代名詞の格は，関係文中の格に応じて変化します。

主な不規則変化動詞一覧表

不定詞	直説法 現在	直説法 過去	接続法第2式	過去分詞
beginnen はじめる		**began**	begänne (begönne)	**begonnen**
bieten 提供する		**bot**	böte	**geboten**
binden 結ぶ		**band**	bände	**gebunden**
bitten たのむ		**bat**	bäte	**gebeten**
bleiben (*s.*) とどまる		**blieb**	bliebe	**geblieben**
brechen やぶる	*du* brichst *er/sie/es* bricht	**brach**	bräche	**gebrochen**
bringen 運ぶ		**brachte**	brächte	**gebracht**
denken 考える		**dachte**	dächte	**gedacht**
dürfen …してもよい	*ich* darf *du* darfst *er/sie/es* darf	**durfte**	dürfte	**dürfen** 〈**gedurft**〉
empfehlen 勧める	*du* empfiehlst *er/sie/es* empfiehlt	**empfahl**	empföhle (empfähle)	**empfohlen**
entscheiden 決定する		**entschied**	entschiede	**entschieden**
essen たべる	*du* isst *er/sie/es* isst	**aß**	äße	**gegessen**
fahren (*s.*) 乗り物で行く	*du* fährst *er/sie/es* fährt	**fuhr**	führe	**gefahren**
fallen (*s.*) 落ちる	*du* fällst *er/sie/es* fällt	**fiel**	fiele	**gefallen**
fangen 捕える	*du* fängst *er/sie/es* fängt	**fing**	finge	**gefangen**
finden 見つける		**fand**	fände	**gefunden**
fliegen (*s.*) 飛ぶ		**flog**	flöge	**geflogen**
geben 与える	*du* gibst *er/sie/es* gibt	**gab**	gäbe	**gegeben**
gehen (*s.*) 行く		**ging**	ginge	**gegangen**
gelingen うまくいく	*es* gelingt	**gelang**	gelänge	**gelungen**

不定詞	直説法		接続法第2式	過去分詞
	現在	過去		
geschehen (*s.*) 起こる	*er/sie/es* geschieht	**geschah**	geschähe	**geschehen**
gewinnen 勝つ		**gewann**	gewänne (gewönne)	**gewonnen**
greifen つかむ		**griff**	griffe	**gegriffen**
haben もっている	*du* hast *er/sie/es* hat	**hatte**	hätte	**gehabt**
halten つかんでいる	*du* hältst *er/sie/es* hält	**hielt**	hielte	**gehalten**
hängen 掛かっている		**hing**	hinge	**gehangen**
heben 持ち上げる		**hob**	höbe (hübe)	**gehoben**
heißen (…という)名である	*du* heißt *er/sie/es* heißt	**hieß**	hieße	**geheißen**
helfen 助ける	*du* hilfst *er/sie/es* hilft	**half**	hülfe (hälfe)	**geholfen**
kennen 知る		**kannte**	kennte	**gekannt**
kommen (*s.*) 来る		**kam**	käme	**gekommen**
können …できる	*ich* kann *du* kannst *er/sie/es* kann	**konnte**	könnte	**können** 〈**gekonnt**〉
laden 積む	*du* lädst (ladest) *er/sie/es* lädt (ladet)	**lud**	lüde	**geladen**
lassen させる	du lässt *er/sie/es* lässt	**ließ**	ließe	**gelassen** 〈**lassen**〉
laufen (*s.*) 走る	du läufst *er/sie/es* läuft	**lief**	liefe	**gelaufen**
lesen 読む	*du* liest *er/sie/es* liest	**las**	läse	**gelesen**
liegen 横たわっている		**lag**	läge	**gelegen**
lügen うそをつく		**log**	loge	gelogen
mögen …かもしれない	*ich* mag *du* magst *er/sie/es* mag	**mochte**	möchte	**mögen** 〈**gemocht**〉
müssen …しなければならない	*ich* muss *du* musst *er/sie/es* muss	**musste**	müsste	**müssen** 〈**gemusst**〉

不定詞	直説法		接続法第2式	過去分詞
	現在	過去		
nehmen 取る	*du* nimmst *er/sie/es* nimmt	**nahm**	nähme	**genommen**
nennen 名づける		**nannte**	nennte	**genannt**
raten 助言する	*du* rätst *er/sie/es* rät	**riet**	riete	**geraten**
rufen 呼ぶ		**rief**	riefe	**gerufen**
scheinen 輝く		**schien**	schiene	**geschienen**
schlafen 眠る	*du* schläfst *er/sie/es* schläft	**schlief**	schliefe	**geschlafen**
schlagen 打つ	*du* schlägst *er/sie/es* schlägt	**schlug**	schlüge	**geschlagen**
schließen 閉じる	*du* schließt *er/sie/es* schließt	**schloss**	schlösse	**geschlossen**
schneiden 切る		**schnitt**	schnitte	**geschnitten**
schreiben 書く		**schrieb**	schriebe	**geschrieben**
schreien 叫ぶ		**schrie**	schriee	**geschrien**
schweigen 黙っている		**schwieg**	schwiege	**geschwiegen**
schwimmen 泳ぐ		**schwamm**	schwömme (schwämme)	**geschwommen**
sehen 見る	*du* siehst *er/sie/es* sieht	**sah**	sähe	**gesehen**
sein (*s.*) ある，いる	*ich* bin *du* bist *er/sie/es* ist *wir* sind *ihr* seid *sie* sind	**war**	wäre	**gewesen**
singen 歌う		**sang**	sänge	**gesungen**
sitzen すわっている	*du* sitzt *er/sie/es* sitzt	**saß**	säße	**gesessen**
sollen …すべきである	*ich* soll *du* sollst *er/sie/es* soll	**sollte**	sollte	**sollen** 〈**gesollt**〉
sprechen 話す	*du* sprichst *er/sie/es* spricht	**sprach**	spräche	**gesprochen**

| 不定詞 | 直説法 | | 接続法第2式 | 過去分詞 |
	現在	過去		
springen (*s.*) 跳ぶ		**sprang**	spränge	**gesprungen**
stehen 　立っている		**stand**	stünde (stände)	**gestanden**
stehlen 　盗む	*du* stiehlst *er/sie/es* stiehlt	**stahl**	stähle	**gestohlen**
steigen (*s.*) 　のぼる		**stieg**	stiege	**gestiegen**
sterben (*s.*) 　死ぬ	*du* stirbst *er/sie/es* stirbt	**starb**	stürbe	**gestorben**
streiten 　争う		**stritt**	stritte	**gestritten**
tragen 　運ぶ	*du* trägst *er/sie/es* trägt	**trug**	trüge	**getragen**
treffen 　会う	*du* triffst *er/sie/es* trifft	**traf**	träfe	**getroffen**
treten 　歩む	*du* trittst *er/sie/es* tritt	**trat**	träte	**getreten**
trinken 　飲む		**trank**	tränke	**getrunken**
tun 　する		**tat**	täte	**getan**
vergessen 　忘れる	*du* vergisst *er/sie/es* vergisst	**vergaß**	vergäße	**vergessen**
verlieren 　失う		**verlor**	verlöre	**verloren**
wachsen (*s.*) 　成長する	*du* wächst *er/sie/es* wächst	**wuchs**	wüchse	**gewachsen**
waschen 　洗う	*du* wäschst *er/sie/es* wäscht	**wusch**	wüsche	**gewaschen**
werden (*s.*) 　なる	*du* wirst *er/sie/es* wird	**wurde**	würde	**geworden** 〈**worden**〉
werfen 　投げる	*du* wirfst *er/sie/es* wirft	**warf**	würfe	**geworfen**
wissen 　知っている	*ich* weiß *du* weißt *er/sie/es* weiß	**wusste**	wüsste	**gewusst**
wollen 　…するつもりだ	*ich* will *du* willst *er/sie/es* will	**wollte**	wollte	**wollen** 〈**gewollt**〉
ziehen 　引く		**zog**	zöge	**gezogen**

Deutschsprachigen Länder

Europa

ISLAND

ATLANTISCHER
OZEAN

NORD-
SEE

SCHWEDEN

NORWEGEN

FINNLAND

Helsinki

Oslo ● Stockholm ●

ESTLAND

RUSSLAND

DÄNEMARK

OSTSEE

LETTLAND

LITAUEN

IRLAND

Dublin ●

Kopenhagen ●

GROSS-
BRITANNIEN

NIEDER-
LANDE

WEISSRUSSLAND

London ● Amsterdam ● Berlin ●

Warschau ●

● Brüssel
BELGIEN

DEUTSCHLAND

POLEN

UKRAINE

LUXEMBURG

● Prag
TSCHECHIEN

Paris ●

LIECHTEN-
STEIN

SLOWAKEI

Wien ● ● Bratislava

MOLDAU

Bern ●

● Budapest

SCHWEIZ

ÖSTERREICH

UNGARN

RUMÄNIEN

FRANKREICH

SLOWENIEN

KROATIEN

SERBIEN

Bukarest ●

ITALIEN

BOSNIEN-
HERZEGOWINA

MONACO

SAN MARINO

BULGARIEN

ANDORRA

VATIKAN-
STADT

● Rom

KOSOVO

● Sofia

PORTUGAL

MONTENEGRO

Madrid ●

NORDMAZEDONIEN

Lissabon ●

SPANIEN

ALBANIEN

TÜRKEI

MITTELMEER

GRIECHEN-
LAND

Athen ●

ZYPERN

MAROKKO

ALGERIEN

TUNESIEN

MALTA

著　者

山尾　涼（やまお　りょう）
　　広島修道大学

フィール・グリュック！ Ver. 3 — ドイツ語でチャレンジ

2023 年　2 月 20 日　　第 1 版発行

著　　　者 ——— 山尾　涼
発 行 者 ——— 前田俊秀
発 行 所 ——— 株式会社 三修社
　　　　　　　　〒 150-0001 東京都渋谷区神宮前 2-2-22
　　　　　　　　TEL　03-3405-4511
　　　　　　　　FAX　03-3405-4522
　　　　　　　　振替　00190-9-72758
　　　　　　　　https://www.sanshusha.co.jp
　　　　　　　　編集担当　菊池　暁
印刷製本 ——— 日経印刷株式会社

©2023 Printed in Japan　ISBN978-4-384-12309-8 C1084

表紙デザイン・本文イラスト　　成田由弥
執筆協力　　　　　　　　　　　Rita Briel
音声制作　　　　　　　　　　　高速録音株式会社
ナレーター　　　　　　　　　　Rita Briel
　　　　　　　　　　　　　　　Nadine Kaczmarek
　　　　　　　　　　　　　　　Frank Riesner
　　　　　　　　　　　　　　　Matthias Wittig

教科書準拠 CD 発売
本書の準拠 CD をご希望の方は弊社までお問い合わせください。

Aussprache, Lektion 1

学籍番号	名前	
		／40

Ⅰ 次のアルファベットを音読しましょう。　🔊 125 (Disc 2-26)　　（2点×6問＝12点　　点）

DVD　　　　　CD

USB　　　　　PC

BMW (Bayerische Motoren Werke)

CDU (Christlich Demokratische Union Deutschlands)

Ⅱ 次の語を正しい語順に並び替えましょう。また，日本語に訳しましょう。

（2点×4問＝8点　　点）

1) Name / Andrea / ist / mein / .

　　訳：

2) Ihr / ist / Name / wie / ?

　　訳：

3) aus / Japan / ich / komme / .

　　訳：

4) bin / Studentin / ich / .

　　訳：

1

Ⅲ Diktat

【1】 読み上げられた単語を正しく記入し，その意味を書きましょう。　🔊 126 (Disc 2-27)

（2点×5問＝10点　　　点）

	単語	意味
1)		
2)		
3)		
4)		
5)		

【2】 読み上げられた文章を正しく記入し，日本語に訳しましょう。　🔊 127 (Disc 2-28)

（2点×5問＝10点　　　点）

1)	
	訳：
2)	
	訳：
3)	
	訳：
4)	
	訳：
5)	
	訳：

Lektion 2

学籍番号	名前	/40

Ⅰ 【 】の中の動詞を現在人称変化させて，（　　）内に記入しましょう。また，日本語に訳しましょう。 (2点×5問＝10点　　点)

1) Ich (　　　　　　) Deutsch.　　　　　【 lernen 】

訳：

2) (　　　　　　) er in Deutschland?　　【 wohnen 】

訳：

3) Wie (　　　　　) du?　　　　　　　【 heißen 】

訳：

4) Wie alt (　　　　　) du?　　　　　【 sein 】

訳：

5) (　　　　　) Sie Lehrer?　　　　　【 sein 】

訳：

Ⅱ 次の語を正しい語順に並び替えましょう。動詞は主語に合わせて人称変化させてください。また，日本語に訳しましょう。 (2点×5問＝10点　　点)

1) sein / wer / das / ?

訳：

2) Maria / das / sein / .

訳：

3) studieren / ich / Anglistik / .

訳：

4) Sie / Jahre / sein / achtzehn / alt / ?

訳：

5) du / kommen / woher / ?

訳：

Ⅲ Diktat

【1】 読み上げられた単語を正しく記入し，その意味を書きましょう。　🔊 128 (Disc 2-29)

（2点×5問＝10点　　点）

	単語	意味
1)		
2)		
3)		
4)		
5)		

【2】 読み上げられた文章を正しく記入し，日本語に訳しましょう。　🔊 129 (Disc 2-30)

（2点×5問＝10点　　点）

1)	
	訳：
2)	
	訳：
3)	
	訳：
4)	
	訳：
5)	
	訳：

Lektion 3

学籍番号	名前	/40

Ⅰ 日本語にあわせて，（　）内に正しい冠詞を記入しましょう。　　　（2点×5問＝10点　　点）

1) (　　　　　　) Lehrer ist nett.
その先生は親切です。

2) Ich kaufe (　　　　　　) Zeitschrift.
わたしは一冊の雑誌を買います。

3) Verkaufst du (　　　　　) Auto?
君はこの車を売るの？

4) (　　　　　) Student braucht (　　　　　) Buch.
その学生は，この本を必要としている。

5) (　　　　　) Mann hat (　　　　　) Hund.
ひとりの男性が，一匹の犬を飼っている。

Ⅱ 次の語を日本語にあわせて正しい語順に並び替えましょう。動詞は主語に合わせて人称変化させてください。冠詞も必要に応じて変化させましょう。　　　（2点×5問＝10点　　点）

1) ein Wörterbuch / ich / haben / .
僕は一冊の辞書を持っている。

_____

2) haben / du / kein Computer / ?
君はパソコンを持っていないの？

_____

3) wir / Hunger / haben / .
僕たちはお腹が空いている。

_____

4) kosten / was / die Ansichtskarte / ?
この絵ハガキはいくらですか？

_____

5) die Stadt / besuchen / die Studenten aus Deutschland / .
ドイツからの学生たちが，この街を訪れる。

_____

Ⅲ Diktat

【1】 読み上げられた単語を正しく記入し，その意味を書きましょう。　🔊 130 (Disc 2-31)

(2 点 × 5 問 = 10 点　　点)

	単語	意味
1)		
2)		
3)		
4)		
5)		

【2】 読み上げられた文章を正しく記入し，日本語に訳しましょう。　🔊 131 (Disc 2-32)

(2 点 × 5 問 = 10 点　　点)

1)	
	訳：
2)	
	訳：
3)	
	訳：
4)	
	訳：
5)	
	訳：

Lektion 4

学籍番号	名前	
		／40

I 日本語にあわせて【　】内の形容詞を（　）内に正しく記入しましょう。

（2点×5問＝10点　　点）

1) Sie ist (　　　　　　　) Krankenschwester.　【sympathisch】
彼女は感じのいい看護師だ。

2) Ich höre gern (　　　　　　) Popmusik.　【japanisch】
わたしは J-pop を聴くことが好きです。

3) Die (　　　　　　) Uhr ist kaputt.　【schwarz】
この黒い時計は壊れている。

4) Ein Mädchen schaut ein (　　　　　　) Bild.　【weltbekannt】
ひとりの少女が世界的に知られた一枚の絵画を鑑賞している。

5) (　　　　　　) Leute mögen Currywurst.　【viel】
多くの人々がカリーヴルストを好む。

II 次の語を日本語にあわせて正しい語順に並び替えましょう。変化が必要な語は，変化させましょう。＊下線部は強調

（2点×5問＝10点　　点）

1) gut / sie / sehr / Deutsch / sprechen / .
彼女はとても上手にドイツ語を話す。

_____

2) geben / ein / Supermarkt / dort / neu / es / .　＊Es gibt 4格：〜がある
そこに一軒の新しいスーパーマーケットがある。

_____

3) essen / du / italienisch / gern / Essen / ?
君はイタリア料理を食べるのは好き？

_____

4) jetzt / wohin / du / fahren / ?
君は今どこに行くの？

_____

5) aus / Paket / bekommen / ich / ein / Japan / heute / .
今日わたしは日本からの荷物を受け取る。

_____

Ⅲ Diktat

【1】 読み上げられた単語を正しく記入し，その意味を書きましょう。　🔊 132 (Disc 2-33)

（2 点 × 5 問 = 10 点　　点）

	単語	意味
1)		
2)		
3)		
4)		
5)		

【2】 読み上げられた文章を正しく記入し，日本語に訳しましょう。　🔊 133 (Disc 2-34)

（2 点 × 5 問 = 10 点　　点）

1)	
	訳：
2)	
	訳：
3)	
	訳：
4)	
	訳：
5)	
	訳：

Lektion 5

学籍番号	名前	/40

Ⅰ 日本語にあわせて正しい前置詞を記入しましょう。　　　　　　（2点×5問＝10点　　点）

1) Fahren Sie (　　　　　　) Wien?
あなたたちはウィーンへ行くのですか？

2) (　　　　　　) Montag bis Freitag arbeite ich.
月曜日から金曜日までわたしは働きます。

3) Ich gehe morgen (　　　　　　) ihm.
明日わたしは彼のところへ行きます。

4) Ist das (　　　　　　) mich?
これを僕にくれるの？

5) Fahren wir (　　　　　　) dem Taxi!
タクシーで行こう！

Ⅱ 次の語を日本語にあわせて正しい語順に並び替えましょう。変化が必要な語は，変化させましょう。＊下線部は強調　　　　　　（2点×5問＝10点　　点）

1) das / spielen / die / Zimmer / Kinder / in / .
子供たちがその部屋の中で遊んでいる。

_____

2) die / in / Vase / die / ich / stellen / Blumen / .
わたしはその花瓶の中に花をいける。

_____

3) Pause / nach / Professor / helfen / die / der / er / .
<u>休憩した後に</u>，彼は教授を手伝う。

_____

4) gehören / Kugelschreiber / ich / der / .
そのボールペンはわたしのものです。

_____

5) Hotel / nicht / das / gefallen / du / ?
君はこのホテルが気に入らないの？

_____

Ⅲ Diktat

【1】 読み上げられた単語を正しく記入し，その意味を書きましょう。　🔊 134 (Disc 2-35)

(2点×5問＝10点　　点)

	単語	意味
1)		
2)		
3)		
4)		
5)		

【2】 読み上げられた文章を正しく記入し，日本語に訳しましょう。　🔊 135 (Disc 2-36)

(2点×5問＝10点　　点)

1)	
	訳：
2)	
	訳：
3)	
	訳：
4)	
	訳：
5)	
	訳：

Lektion 6

学籍番号	名前	/40

Ⅰ 【　】内の助動詞を使った文章に書き換えて，日本語に訳しましょう。

（2点×5問＝10点　　点）

1) Ich schwimme nicht so gut. 　　【 können 】

_____

訳：_____

2) Lernst du heute Abend Deutsch? 　　【 müssen 】

_____

訳：_____

3) Man telefoniert hier. 　　【 dürfen 】

_____

訳：_____

4) Ich warte nicht länger. 　　【 möchte 】

_____

訳：_____

5) Gehst du mit ihnen ins Café? 　　【 wollen 】

_____

訳：_____

Ⅱ 次の語を日本語にあわせて正しい語順に並び替えましょう。変化が必要な語は，変化させましょう。＊下線部は強調

（2点×5問＝10点　　点）

1) das / sein / Spielzeug / Kind / das / das / ? 　これはその子供の玩具ですか？

_____

2) Tee / möchte / Tasse / eine / ich / . 　紅茶を一杯欲しいのですが。

_____

3) Stadtzentrum / du / treffen / die / Mädchen / das / im / Schwester / ?
君は街中でその少女の姉（妹）に出会ったの？

_____

4) ihm / Buch / wir / das / Autor / der / schenken / .
わたしたちは彼にその作家の本を贈る。

_____

5) zum / Freitag / müssen / am / gehen / ich / Arzt / .
<u>金曜日</u>に病院に行かないといけない。

_____

Ⅲ Diktat

【1】 読み上げられた単語を正しく記入し，その意味を書きましょう。　🔊 136 (Disc 2-37)

（2点×5問＝10点　　　点）

	単語	意味
1)		
2)		
3)		
4)		
5)		

【2】 読み上げられた文章を正しく記入し，日本語に訳しましょう。　🔊 137 (Disc 2-38)

（2点×5問＝10点　　　点）

1)	
	訳：
2)	
	訳：
3)	
	訳：
4)	
	訳：
5)	
	訳：

Lektion 7

学籍番号	名前	/40

I 日本語にあわせて（　）内に正しい所有冠詞を記入しましょう。　　（2点×5問＝10点　　点）

1) (　　　　　　　) Chef ist sehr tolerant.
私の上司はとても寛容だ。

2) Er besucht (　　　　　　　) Schwester.
彼は自分の姉（妹）を訪ねる。

3) Sie reist mit (　　　　　　　) Freund nach Italien.
彼女は自分のボーイフレンドとイタリアへ旅行に行く。

4) Die Kollegen (　　　　　　　) Arbeitsplatzes sind relativ nett.
私の職場の人たちは，比較的親切だ。

5) Ich schicke einer Freundin von mir (　　　　　　　) Foto.
わたしは自分の女友達に彼の写真を送る。

II 次の語を日本語にあわせて正しい語順に並び替えましょう。変化が必要な語は，変化させましょう。＊下線部は強調　　（2点×5問＝10点　　点）

1) mein / nicht / ich / finden / Schlüssel / .
鍵が見つかりません。

_____

2) hier / dein / sein / Zimmer / .
ここが君の部屋だ。

_____

3) Lieblingsspeise / sein / was / euer / .
君たちのお気に入りの食事は何？

_____

4) fragen / Student / sein / der / Professorin / .　　＊fragen＋4格：〜に質問する
その学生は，自分の教授に質問する。

_____

5) Ihr / was / Sie / Tochter / Geburtstag / schenken / zum / ?
あなたは自分の娘に，誕生日に何をプレゼントするのですか？

_____

Ⅲ Diktat

【1】 読み上げられた単語を正しく記入し，その意味を書きましょう。　🔊 138 (Disc 2-39)

（2 点 × 5 問 = 10 点　　点）

	単語	意味
1)		
2)		
3)		
4)		
5)		

【2】 読み上げられた文章を正しく記入し，日本語に訳しましょう。　🔊 139 (Disc 2-40)

（2 点 × 5 問 = 10 点　　点）

1)	
	訳：
2)	
	訳：
3)	
	訳：
4)	
	訳：
5)	
	訳：

Lektion 8

学籍番号	名前	
		／40

Ⅰ （　）内に適切な再帰代名詞を入れて，日本語に訳しましょう。　　（2点×5問＝10点　　点）

1) Interessierst du (　　　　　　　) für Musik?

訳：_____

2) Wann treffen wir (　　　　　　)?

訳：_____

3) Darf ich (　　　　　　) vorstellen?

訳：_____

4) Setzen Sie (　　　　　　) bitte!

訳：_____

5) Meine Eltern freuen (　　　　　　) über das Geschenk von mir.

訳：_____

Ⅱ 次の語を日本語にあわせて正しい語順に並び替えましょう。変化が必要な語は，変化させましょう。　　（2点×5問＝10点　　点）

1) interessieren / jung / für / sich / viel / Japaner / der / Fußballspieler / .
多くの日本人たちが，その若いサッカー選手に興味を持っている。

_____

2) und / die / total / über / mein / sich / Nachricht / ich / ärgern / Vater / .
父と私はその知らせに完全に腹を立てている。

_____

3) verspäten / Bus / immer / sich / der / .
そのバスはいつも遅れる。

_____

4) in / Aufenthalt / erinnern / ich / Deutschland / sich / an / manchmal / mein / .
わたしは時々，ドイツでの滞在を思い出す。

_____

5) sich / es / Umweltprobleme / handeln / um / .
それは環境問題にかかわる問題です。

_____

Ⅲ Diktat

【1】 読み上げられた単語を正しく記入し，その意味を書きましょう。　🔊 140 (Disc 2-41)

	単語	意味
1)		
2)		
3)		
4)		
5)		

【2】 読み上げられた文章を正しく記入し，日本語に訳しましょう。　🔊 141 (Disc 2-42)

（2点×5問＝10点　　点）

1)	
	訳：
2)	
	訳：
3)	
	訳：
4)	
	訳：
5)	
	訳：

Lektion 9

学籍番号	名前	/40

Ⅰ　日本語にあわせて（　）内に【　】の中の分離動詞を記入しましょう。

（2点×5問＝10点　　点）

1) Wann (　　　　　　　) du (　　　　　　)? 　　　　【 zurückkommen 】
君は何時に帰ってくるの？

2) Das (　　　　　　) ich (　　　　　). 　　　　　　【 mitnehmen 】
持ち帰りにします。

3) Frau Wolf (　　　　　) an der Konferenz (　　　　). 　　【 teilnehmen 】
ヴォルフさんはその会議に参加する。

4) Wann (　　　　　　) das Konzert (　　　　　)? 　　　　【 anfangen 】
コンサートはいつ始まりますか？

5) (　　　　　　　) du am Sonntag schon etwas (　　　　)? 　【 vorhaben 】
君はもう日曜日に何か予定がある？

Ⅱ　次の語を日本語にあわせて正しい語順に並び替えましょう。変化が必要な語は，変化させましょう。

（2点×5問＝10点　　点）

1) Abhandlung / das / sein / er / nachdenken / über / Thema / .
彼は自分の論文のテーマについて熟考する。

_____

2) fernsehen / sehr / Großmutter / mein / gern / .
わたしの祖母は，テレビを見ることが大好きだ。

_____

3) ich / Freund / Film / empfehlen / ein / mein / .
わたしのボーイフレンドは，わたしに映画を勧める。

_____

4) Urlaub / möchte / am / verbringen / Meer / mein / ich / .
わたしは休暇を海辺で過ごしたい。

_____

5) der / Deutsche / ein / Roman / Forscher / übersetzen / ins / .
ある研究者がこの小説をドイツ語に翻訳する。

_____

Ⅲ Diktat

【1】 読み上げられた単語を正しく記入し，その意味を書きましょう。　◀)) 142 (Disc 2-43)

(2点×5問＝10点　　点)

	単語	意味
1)		
2)		
3)		
4)		
5)		

【2】 読み上げられた文章を正しく記入し，日本語に訳しましょう。　◀)) 143 (Disc 2-44)

(2点×5問＝10点　　点)

1)	
	訳：
2)	
	訳：
3)	
	訳：
4)	
	訳：
5)	
	訳：

Lektion 10

Ⅰ 日本語にあわせて【 】内の形容詞を（ ）に正しく記入しましょう。

（2点×5問＝10点　点）

1) Die Studentin ist die (　　　　　　　　　). 【 fleißig 】
その学生が一番勤勉だ。

2) Wer ist der (　　　　　　　　) von uns? 【 jung 】
わたしたちの中で誰が一番若いですか？

3) Welche Halskette ist (　　　　　　　　)? 【 schön 】
どちらのネックレスの方が素敵ですか？

4) Sie trinkt am (　　　　　　　　) in der Klasse. 【 viel 】
彼女がこのクラスの中で一番お酒に強い。

5) Er ist mein (　　　　　　　) Bruder. ＊比較級の付加語的用法 【 alt 】
彼はわたしの兄です。

Ⅱ 次の語を日本語にあわせて正しい語順に並び替えましょう。変化が必要な語は，変化させましょう。

（2点×5問＝10点　点）

1) Traum / zu / in / studieren / mein / sein / Deutschland / .
わたしの夢は，ドイツの大学で学ぶことです。

_____

2) mehr / um / Traum / müssen / erfüllen / ich / lernen / zu / Deutsch / mein / .
自分の夢をかなえるために，わたしはもっとドイツ語を勉強しなければならない。

_____

3) gesund / Sport / zu / es / sein / regelmäßig / treiben / .
規則的にスポーツに励むことは健康的だ。

_____

4) mich / freuen / Sie / kennenlernen / zu / ich / .
お会いできてうれしいです。

_____

5) aufhören / zu / nicht / mein / rauchen / Kollege / .
私の同僚は煙草をやめない。

_____

Ⅲ Diktat

【1】 読み上げられた単語を正しく記入し，その意味を書きましょう。　🔊 144 (Disc 2-45)

（2 点 × 5 問 = 10 点　　点）

	単語	意味
1)		
2)		
3)		
4)		
5)		

【2】 読み上げられた文章を正しく記入し，日本語に訳しましょう。　🔊 145 (Disc 2-46)

（2 点 × 5 問 = 10 点　　点）

1)	
	訳：
2)	
	訳：
3)	
	訳：
4)	
	訳：
5)	
	訳：

Lektion 11

学籍番号	名前	/40

I 次の文章を現在完了形に書きかえて，日本語に訳しましょう。　　（2点×5問＝10点　　点）

1) Schlafen Sie gut? _____

   訳：_____

2) Er hilft mir immer. _____

   訳：_____

3) Die Speise schmeckt mir sehr gut.

   _____

   訳：_____

4) Auf der Party verbringe ich eine schöne Zeit.

   _____

   訳：_____

5) Bei der Diskussion fasst sie unsere Meinungen zusammen.

   _____

   訳：_____

II 次の語を日本語にあわせて正しい語順に並び替えましょう。変化が必要な語は，変化させましょう。　　（2点×5問＝10点　　点）

1) Bücher / kopieren / haben / ich / die / die / Bibliothek / in / .
   わたしはこれらの本を図書館でコピーしました。

   _____

2) Werke / werden / sein / kritisieren / .　彼の作品は批判されている。

3) ich / Rat / Professoren / ein / die / geben / haben / .
   教授たちはわたしにアドバイスをくれた。

   _____

4) Chance / ich / haben / verpassen / eine / .
   わたしはチャンスを逃してしまった。

   _____

5) schon / sein / abfahren / die / Straßenbahn / .
   路面電車はもう発車してしまいましたか？

Ⅲ Diktat

【1】 読み上げられた単語を正しく記入し，その意味を書きましょう。　🔊 146 (Disc 2-47)

(2 点× 5 問= 10 点　　点)

	単語	意味
1)		
2)		
3)		
4)		
5)		

【2】 読み上げられた文章を正しく記入し，日本語に訳しましょう。　🔊 147 (Disc 2-48)

(2 点× 5 問= 10 点　　点)

1)	
	訳：
2)	
	訳：
3)	
	訳：
4)	
	訳：
5)	
	訳：

Lektion 12

学籍番号	名前	
		╱40

Ⅰ 日本語にあわせて【 】内の動詞を（ ）に正しく記入しましょう。

（2点×5問＝10点　　点）

1) Ich (　　　　　　　) ein fauler Student.　　　　　　【 sein 】
   わたしは怠惰な学生だった。

2) Ihre Haltung (　　　　　　) sehr zurückhaltend.　　【 sein 】
   彼女の態度はとても控えめだった。

3) (　　　　　　　) du schon einmal in Deutschland?　【 sein 】
   君はもうドイツにいったことはある？

4) Sie (　　　　　　　) immer nett.　　　　　　　　【sein】
   あなたはいつも親切でした。

5) (　　　　　　　) ihr früher irgendein Haustier?　　【 haben 】
   君たちは前に，なにかペットを飼っていたの？

Ⅱ 次の語を日本語にあわせて正しい語順に並び替えましょう。変化が必要な語は，変化させましょう。＊下線部は強調

（2点×5問＝10点　　点）

1) diskutieren / Nacht / ganzen / wir / die / .
   わたしたちは夜通し討議した。

   _____

2) ich / Referat / schreiben / am / ein / Dienstag / .
   <u>火曜日</u>にわたしは一本のレポートを書いた。

   _____

3) die / bestehen / können / mündlich / Prüfung / nicht / ich / .
   わたしは口頭試験に合格できなかった。

   _____

4) U-Bahn / Sie / mit / die / kommen / .
   あなたは地下鉄で来たのですか？

   _____

5) du / erklären / können / nicht / er / verstehen / dass / .
   彼は君の説明が理解できなかった。

   _____

23

Ⅲ Diktat

【1】 読み上げられた単語を正しく記入し，その意味を書きましょう。　🔊 148 (Disc 2-49)

(2点×5問＝10点　　点)

	単語	意味
1)		
2)		
3)		
4)		
5)		

【2】 読み上げられた文章を正しく記入し，日本語に訳しましょう。　🔊 149 (Disc 2-50)

(2点×5問＝10点　　点)

1)	
	訳：
2)	
	訳：
3)	
	訳：
4)	
	訳：
5)	
	訳：